오늘도
뻔한 말만
늘어놓고 말았다

SONY REKIDAI TOP NO SPEECH WRITER GA OSHIERU HITO WO UGOKASU SPEECH
NO HOSOKU

by Shigenori Sasaki.

Copyright © 2017 by Shigenori Sasaki. All rights reserved.

Originally published in Japan by Nikkei Business Publications, Inc.

Korean translation rights arranged with Nikkei Business Publications, Inc.

through Danny Hong Agency.

오늘도
뻔한 말만
늘어놓고 말았다

누구나 끄덕이게 하는 스피치 절대 법칙

사사키 시게노리 지음 | 이지현 옮김

매일경제신문사

사람의 마음을 움직이는 스피치의 비결

나는 1990년에 소니로 이직했다. 국제기획부라는 모리타 아키오 회장의 전속 부서로 배치받고 모리타 회장의 연설문을 작성했다. 미국 하버드대학교 대학원으로 유학을 다녀온 1997년 이후에는 사장실로 발령받아 당시 취임 3년 차였던 이데이 노부유키 사장의 연설문을 작성하는 업무를 맡았다.

소니를 퇴직하고 경영 컨설턴트로 독립한 후에도 스피치 강좌와 개인 컨설팅을 진행하며 수많은 정·재계 리더들의 스피치를 지도하는 기회를 얻었다. 이 책의 목적은 1만 명이 넘는 비즈니스 리더들을 지도하면서 배운 점과 느낀 점, 깨달은 점을 전달하는 것이다.

누구나 끄덕이게 하는
스피치의 12가지 절대 법칙

스피치를 잘하려면 어떤 것이 필요할까? 이상적인 스피치는 듣는 이가 자신도 모르는 사이에 말하는 이를 따르고 싶다고 느끼게 만드는 스피치다. 즉, 듣는 이가 '논리적이다. 감동적이다. 신뢰할 수 있다. 말하는 이의 생각이 고스란히 전해진다'고 느끼는 것이다. 듣는 이가 '무미건조하다. 뻔하다. 말만 번지르르하다'라고 느끼지 않도록 해야 한다. 지금까지 쌓은 경험을 바탕으로, 누구나 끄덕이게 하는 스피치의 12가지 법칙을 정리했다.

12가지 법칙은 로고스(논리), 파토스(감정), 에토스(신뢰)라는 세 가지 요소를 바탕으로 한다. 이 세 가지는 고대 그리스 시대부터 '설득의 3요소'라 불리는 것이다. 여기에 덧붙여 언어를 뛰어넘는 전달력, 즉 '비언어'적인 부분을 따로 정리했다.

로고스 법칙, 파토스 법칙, 에토스 법칙, 비언어 커뮤니케이션 법칙으로 분류할 수 있는 12가지 스피치 법칙에 대해서 자세히 살펴보도록 하자.

로고스(논리) 법칙

① 메시지를 명확하게 하자

자신이 무엇을 전달하고 싶은지 한 문장으로 말할 수 있을 때까지 자문자답해 본다. 더 나아가 한 단어로 말할 수 있을 때까지 메시지를 축약할 수 있으면 더욱 좋다.

② 누구나 끄덕이게 되는 주장을 하자

주장과 호소에는 반드시 이유가 뒷받침되어야 한다. 듣는 사람이 그 이유를 납득할 수 있는지가 설득의 기본이다. 나의 주장에 이유가 없어도 상대방은 나의 기분을 살펴 '왜 그렇습니까?' 라고 묻지 못할 수 있다.

③ 스피치 구조부터 잘 짜자

알아듣기 힘든 스피치에는 대개 주어가 없다. 주절주절 늘어놓지 말고 문장을 짧고 심플하게 구성해야 한다. 또한 끝맺음을 명확하게 하지 않고 전후 관계를 애매모호하게 마무리한 채 다음 이야기로 넘어가서는 안 된다. '그러나', '그래서', '즉' 등의 접속어를 정확하게 사용하는 것이 중요하다.

파토스(감정) 법칙

④ 나만 할 수 있는 이야기를 하자

주장, 이유, 사실을 객관적으로 말하는 것만으로 듣는 이의 마음은 움직이지 않는다. 듣는 이에게 자신이 새롭게 깨달은 것은 물론 그런 경험을 통해서 생각한 것과 느낀 것, 새롭게 알게 된 것, 배운 것 등을 하나의 스토리로 엮어 전달해야 한다.

⑤ 내 감정을 솔직하게 드러내자

스토리를 이야기할 때는 눈앞에 펼쳐지듯이 광경, 들리는 소리, 몸으로 느끼는 감각, 마음으로 전해지는 느낌 등을 생생하게 표현하는 것이 중요하다. 이렇게 하면 현장감을 높일 수 있다. 남의 일처럼 담담하게 말하는 것이 아니라 자기 일처럼 말한다.

⑥ 나를 있는 그대로 보여주자

스토리는 자신의 모든 것을 있는 그대로 노출하는 것이 중요하다. 실패담은 용기의 증거다. 실패 경험을 이야기하자. 어떤 스피치든 자랑만 늘어놓는 것만큼 지루한 것도 없다. 참고로 이런 부분은 아무도 지적해주지 않는다.

⑦ 상대방에게 공감하자

상대방(듣는 이)이 어떤 상황에 놓여 있고, 무엇을 생각하며, 무엇을 고민하는지 상대방의 입장에서 이해하려는 노력이 중요하다. 만일 자신이라면 어떻게 생각할지, 무엇을 바랄지를 상상해보자. 그러면 상대방에게 무엇을 전달하면 좋을지 쉽게 떠오를 것이다.

⑧ 상대방의 마음을 들여다보자

자신을 위해서 상대방을 움직이려고 하면 반드시 반발이 따른다. 우선 상대방을 위해서 노력하고 그런 다음에 협조를 구한다. 목표에 대의가 있다면 누구나 그 대의를 실현하기 위해 노력하고 싶어지기 마련이다.

⑨ 솔직한 이야기로 신뢰를 얻자

분위기에 휩쓸려 평소에 생각하지도 않았던 것을 말해서는 안 된다. 겉만 번지르르한 말은 비언어 표현으로 드러나기 마련이며, 듣는 이는 그것을 직감적으로 알아차린다.

⑩ 신중하게 말하자

누구나 성실하지 않은 사람의 말은 따르고 싶지 않다고 말한다. 성실의 성誠이라는 한자는 '말한 것을 이룬다'는 의미다. 말만 앞세우는 사람은 아무도 따르지 않는다. 자신이 뱉은 말을 실행에 옮기려고 열심히 노력하는 성실한 사람을 따른다.

비언어 커뮤니케이션

⑪ 내 몸의 메시지를 의식하자

신체는 언어 이상으로 많은 것을 말해준다. 불편한 표정, 흐리멍덩한 눈빛, 힘없는 목소리, 패기 없는 태도로는 어떤 말을 해도 듣는 이의 마음을 움직일 수 없다. 자신의 스피치에서 비언어적인 부분을 점검하자.

⑫ 내 마음의 주인이 되자

비언어는 마음속의 감정이 신체로 표현된 것이다. 사랑, 용기, 감동, 감사, 꿈, 의지, 각오, 열정, 신념 등의 긍정적인 감정으로 마음을 가득 채우면 이것이 긍정적인 비언어가 되어 신체를 통해 표현된다.

설득의 3대 요소 - 로고스, 파토스, 에토스

이제 스피치의 기본이라 할 수 있는 12가지 법칙을 바탕으로 스피치를 어떻게 구성하고 듣는 이에게 어떻게 잘 전달할 것인지 이야기하고자 한다.

설득의 3대 요소 로고스, 파토스, 에토스는 고대 그리스 철학자 아리스토텔레스가 그의 저서 《수사학》에서 언급한 것이다. 일본이 야요이弥生 시대였을 무렵에 이미 그리스에서는 의회 정치와 재판이 이루어졌다. 당시 아리스토텔레스는 사람의 마음을 움직이려면 무엇이 필요한지 연구하고 집필했다. 지금도 《수사학》은 유럽 엘리트층 사이에서 스피치 필독서로 읽히고 있다.

설득의 3대 요소 중 첫 번째는 로고스로 '논리'를 의미한다. 주장은 이치가 맞아야 한다. 알기 쉽게, 조리 있게 말하는 것이 중요하다.

두 번째 요소는 파토스로 '감정'을 의미한다. 감정은 종종 이성을 능가한다. 청중의 감정에 호소하고 마음을 흔드는 것이 중요하다.

세 번째 요소는 에토스로 '인격'을 의미한다. 말하는 이를 얼마나 신뢰할 수 있는지 따져보는 것이다. 스피치를 듣는 이는 말하는 이의 말을 어디까지 믿어야 할지를 말하는 이의 태도를 보고 판단한다. 따라서 스피치 내용에 대한 지식과 경험을 갖고 있어야 하는 것은 물론, 성실하고 신뢰할 만한 인격을 갖추어야 한다.

스피치에서 로고스, 파토스, 에토스를 모두 느꼈을 때 비로소 듣는 이는 그 말을 이해하고 감동하며, 신뢰할 수 있다는 생각을 하면서 주장을 받아들인다. 대부분 로고스와 파토스의 중요성은 인식하고 있을 것이다. 그래서 나는 에토스의 중요성을 더욱 강조하고 싶다.

예전에 간사이 지방에 사는 친구가 이런 이야기를 들려준 적이 있다. 그 친구는 결혼식을 준비하면서 텔레비전에 자주 나오는 좋아하는 유명인에게 사회를 부탁했다고 한다. 그 유명인은 유창한 말솜씨로 결혼식을 진행했는데, 처음부터 끝까지 신랑과 신부에게 개인적인 이야기는 한마디도 하지 않았고 결혼식이 끝나자마자 서둘러 돌아갔다고 한다. 프로답게 결혼식 진행은 차질 없이 끝마쳤지만 도통 정이 느껴지지 않아서 기분이 썩 좋지 않았다고 했다. 이는 에토스, 즉 성실함이 느껴지지 않는 스피치를 해서 사람의 마음을 움직이지 못한 예라고 할 수 있다.

사례를 하나 더 살펴보자. 예전에 어느 저명한 경제 평론가가 선거에 출마한 적이 있다. 그는 풍부한 지식을 가진 달변가였다. 어느 날 저녁, 지하철 개찰구를 빠져나왔는데 바로 앞에서 그 평론가가 손을 흔들며 서 있었다. 나를 포함해 지하철에서 내린 수많은 사람들이 그 평론가를 환호하기 위해 그를 쳐다봤다. 하지만 그는 주변 사람들에게 관심이 없었고 그저 먼 곳을 바라보며 무의식적으로 손을 흔들 뿐이었다. 입으로는 "주민 여러분을 위해서 열심히 뛰겠습니다!"라고 말하고 있었지만 '도대체 우리를 위해서 얼마나 신경을 써줄까?' 하는 생각이 들었다.

여러분도 청중의 입장에서 이와 같은 생각을 한 적이 있을 것이다. 내 앞에 있는 사람이 논리정연하게 문제점을 지적하고 해결책을 제안한다. 다양한 경험을 섞어가며 재미있게 이야기한다. 하지만 '진짜 우리를 생각해 줄까?', '자신의 이익만을 추구하지는 않을까?' 등 스피치를 들었을 때 이런 걱정이 앞서 그 사람의 주장과 제안을 받아들이고 싶지 않았던 적은 없었는가?

특히 리더로서 직원과 거래처, 고객 앞에서 스피치를 할 때는 이해하기 쉽게 열정을 담아서, 그리고 상대방의 입장을 배려하면서 진정성이 느껴지도록 말해야 한다. 논리, 감정, 신뢰 이 세 가지 요소가 두루 갖추어졌을 때 여러분의 이야기는 강한 설득력을 얻고, 듣는 이의 마음을 움직인다.

공감을 이끌어내는 방법

한 가지 더, 설득의 3대 요소만큼 성공하는 스피치에서 중요한 세 가지 포인트를 살펴보도록 하자.

나는 예전에 한 지역 활성화 프로젝트에서 '혁신을 일으키는 커뮤니케이션 비결'이라는 워크숍을 진행한 적이 있다. 내 세미나에 참석했던 행정 담당자의 요청으로 기획된 자리였다.

"사사키 씨의 분위기를 휘어잡는 능력은 정말 대단합니다. 참가자들이 열린 마음으로 하나가 되게 하고, 긍정적인 자세를 가지게 하는 스피치를 어떻게 할 수 있는지, 그 비결을 알려주셨으면 합니다."

이런 요청과 부탁을 받고 나는 내가 항상 뭘 의식하는지 되돌아봤다. 그랬더니 다음과 같이 세 가지 키워드를 얻을 수 있었다. 바로 공감, 비언어 커뮤니케이션, 자기 드러내기였다.

① 공감

보통 우리는 공감이라는 단어를 '나도 그렇게 생각한다'는 동감의 의미로 사용하는 경우가 많은데, 정확하게는 상대방과 감정을 공유하는 것을 의미한다. 반드시 상대방의 의견에 동의할 필요는 없다.

상대방의 이야기를 듣는 방법에도 두 가지가 있다. 하나는 이야기가 전달하는 정보에 주의를 기울이고 애매모호한 점은 없는지, 납득할 만한 이유가 있는지 등을 따지면서 듣는 '비판적 듣기'다. 그리고 다른 하나는 정보의 이면에 관심을 갖고 상대방에게 무슨 일이 일어났는지, 무엇을 느꼈는지 등을 공유하면서 듣는 '공감적 듣기'다.

이야기를 비판적으로 듣는 사람은 갑자기 화를 내며 반론을 제기하거나 본심을 말하지 않는 등 마음을 닫아버리기 쉽다. 반면에 공감적인 방법으로 이야기를 듣는 사람은 말하는 이가 자신의 기분을 공유해주었다는 것에 안심하고 마음의 문을 열어 자신의 본심을 말해준다.

② 비언어 커뮤니케이션

비언어 커뮤니케이션이란 신체를 통해 전달하는 메시지다. 예를 들어 골이 난 표정으로 팔짱을 끼고 상대방을 대할 경우, 어떤 말을 하지 않아도 '나는 기분이 무척 나쁘다', '나는 불만이다' 라는 부정적인 메시지가 전달된다. 반대로 방긋 웃으면서 진심어린 표정으로 고개를 끄덕이며 상대방을 대할 경우에는 '그랬군요', '그래서 그런 거군요', '이해해요' 등의 공감 메시지가 전달된다.

그러나 많은 사람들이 이를 자각하지 못한다. 예를 들어, 스마트폰을 힐끗힐끗 보면서 상대방의 이야기를 듣는 사람에게 "내 말 좀 제대로 들어줘"라고 말하면 "잘 듣고 있어!"라고 소리치며 오히려 화를 내는 모습을 본 적이 있을 것이다. 또한 상사의 지시에 한숨을 내쉬며 "네"라고 대답하는 부하직원에게는 "잘 알아들은 건가?"라고 되묻게 된다. 그러나 이 상황에서 부하직원은 한숨을 쉬는 비언어 메시지를 함께 전달한 것을 알아차리지 못하고 왜 되묻는 건지 의아해하며 "잘 알았습니다. '네'라고 말했잖아요!"라고 짜증을 낸다.

나는 이런 비언어 커뮤니케이션을 사람들에게 이해시키기 위해 한 워크숍에서 2인 1조로 두 가지의 듣는 방법을 체험하게 했다. 먼저 한 사람에게 최근에 있었던 좋은 일을 1분간 이야기하게 했다. 그리고 다른 한 사람에게는 미소를 지으며 공감적으로 이야기를 듣는 방법과 몸을 돌리고 관심이 없는 것처럼 이야기를 듣는 방법, 이렇게 두 가지 방법으로 이야기를 듣게 했다. 말을 한 사람은 기분 좋은 일을 이야기하려고 하는데 상대방이 관심이 없는 것처럼 행동하면 얼마나 기분이 나쁜지를 직접 느낄 수 있었고, 자신의 비언어적인 부분을 의식하게 되었다.

③ 자기 드러내기

자기 드러내기란 자신의 기분과 경험을 열린 마음으로 상대방에게 전달하는 것이다. 보통 개인적인 경험보다 객관적인 정보가 중요하다는 생각에 상대방에게 정보만 전달하려고 한다. 그러나 깊은 신뢰 관계를 형성하려면 서로의 가치관을 알고 감정을 공유하는 것이 중요하다. 상대방이 마음의 문을 활짝 열어주길 바란다면 일단 자신을 있는 그대로 드러내고, 열린 마음의 자세를 보이는 것이 중요하다.

공감, 비언어 커뮤니케이션, 자기 드러내기, 이 세 가지 요소를 두루 갖춘 자세로 상대방을 대할 때 상대방은 나를 신뢰한다. 그리고 이런 분위기에서 진행되는 스피치는 훨씬 큰 효과를 발휘한다. 반드시 이 세 가지 포인트를 숙지해서 실천해보자.

비즈니스 리더에게 스피치가 중요한 이유는?

사장, 임원, 관리직, 프로젝트 리더 등 비즈니스 현장에 있는 사람에게 스피치는 무엇을 의미할까? 그들에게 스피치 능력을 향상시키는 것이 중요한 이유는 무엇일까? 이번에는 이런 기본적인 질문을 깊이 생각해보고자 한다.

비지니스 리더의 역할을 한마디로 표현하면 '어떤 집단에 영향력을 발휘하는 것'이라고 할 수 있다. 즉 어떤 조직에 모인 사람들의 힘을 결집해서, 개개인의 힘을 합친 총량을 훨씬 뛰어넘는 집단적인 힘이 발휘되도록 이끄는 것이 리더의 임무다. 리더에게는 그 임무를 해내는 능력이 요구된다. 리더는 이렇게 집단의 힘을 이끌어내기 위해서 구성원을 개별적으로 격려하거나 소수 그룹을 조직해서 회의를 진행하는 등 구성원들을 지속적으로 자극한다.

그러나 구성원이 10명을 넘어서면 구성원 각자와 개별적으로 만나 이야기할 시간을 확보할 수 없고, 회의를 진행할 때도 30분, 60분 등 정해진 시간 내에 개별 구성원과 충분한 대화를 나누기 어렵다. 50명, 100명, 1,000명이 넘는 대규모 그룹을 이끄는 리더는 개별적인 대화 접근만으로는 집단 구성원에게 자극을 주기 어렵다.

그래서 비즈니스 리더에게는 스피치가 매우 중요하다. 스피치는 많은 사람들을 한자리에 모아놓고 직접적으로 메시지를 전달해 자극할 수 있는 중요한 수단이기 때문이다. 부하직원, 업무 관계자와 소통해야 하는 비즈니스 리더에게 스피치 능력은 자신의 영향력을 발휘할 수 있는 필수 능력이다.

현재 나의 스피치 능력은 어느 정도일까? 가슴에 손을 얹고 지금까지 자신이 했던 스피치를 떠올려보자. 스피치는 왠지 모르게 꺼려진다며 도망친 적은 없는가? 얼핏 유창하게 말하는 것처럼 보여도 겉만 번지르르 뻔한 말만 늘어놓지는 않았는가? 형식만이라도 갖추자는 생각으로 스피치 원고나 보고서를 줄줄 읽지는 않았는가?

이런 질문에 솔직하게 '그래 맞아. 그랬었지'라고 생각한 사람은 실제로 그리 심각한 수준은 아닐지도 모른다. 오히려 잘한 것 같다고 생각한 사람에게 미처 알지 못했던 허점이 있을 수 있다. 혹시 대표직을 맡고 있다면 이번 기회에 반드시 자사 홈페이지에 실린 '인사말'을 직원과 고객의 입장에서 읽어보길 바란다.

감동적인가? 마음이 움직였는가? 그 인사말을 읽고 직원들이 '이 회사를 위해서 열심히 일하자!'는 각오를 다졌을 거라고 믿게 되는가? 고객이 이 회사의 제품과 서비스를 지인에게도 알려줘야겠다는 마음이 들었을 것이라고 생각하는가? 내 경험상 인터넷 홈페이지의 인사말과 대표의 스피치 수준은 거의 비슷하다고 말할 수 있다. 이상한 부분은 없지만 어떤 감동도 전해지지 않는 인사말은 아닌지 확인해보자.

애플사 창업자인 스티브 잡스의 스피치와 프레젠테이션은 청중의 마음을 사로잡는 멋진 연설로 유명한데, 이외에도 1990년대에 IBM을 재건했던 루이스 가스너, GE 개혁을 이끈 잭 웰치, 아마존 창업자인 제프 베조스, 구글 창업자인 래리 페이지, 페이스북 창업자인 마크 저커버그 등 스피치로 사람들의 마음을 사로잡은 훌륭한 경영인은 수없이 많다. 일본에도 파나소닉의 창업자인 마쓰시타 고노스케, 혼다기연공업 창업자인 혼다 소이치로, 소니 창업자인 이부카 마사루와 모리타 아키오, 교세라 창업자인 이나모리 가즈오, 소프트뱅크 창업자인 손 마사요시 등 유명한 경영인은 모두 훌륭한 스피치로 사람들을 고무시켰다. 또한 최근 들어 새로운 창업가와 소셜 리더가 많이 나타나고 있는데, 이 젊은 리더들 중에 청중의 마음을 울리는 멋진 스피치를 보여주는 사람이 꽤 많다.

스피치는 흩어져 있던 마음을 하나로 통합하는 힘이 있다. 그리고 도전하는 용기를 북돋는 힘이 있다. 또한 상상력을 자극해 새로운 미래를 탄생시키는 힘이 있다. 여러분이 이런 스피치의 힘을 적극 활용해서 보다 많은 사람들에게 긍정적인 영향력을 발휘할 수 있기를 간절히 바란다.

사사키 시게노리

차
례

1부   로고스 법칙

2부 파토스 법칙

3부   에토스 법칙

4부   비언어 커뮤니케이션

1부

로고스 법칙

로고스는 논리를 의미한다.
자신이 무엇을 전달하고 싶은지
한 문장으로 말할 수 있을 때까지
자문자답해본다.

01

메시지를 명확하게 하는 법

이번 장에서는 듣는 이를 감동시키는 스피치에서 가장 중요한 '메시지를 명확하게 한다'라는 법칙에 대해 살펴보고자 한다. 감동을 전하고 기억에 남을 만한 스피치를 하려면 일단 전하고 싶은 메시지를 명확하게 해야 한다.

메시지란 잘 정리된 어떤 이야기를 통해 말하는 이가 듣는 이에게 전하려는 생각과 의도다. 30분가량의 스피치를 할 때 말하는 이는 다양한 화제와 정보를 언급한다. 이때 듣는 이는 내용의 각 부분이 아닌, 스피치 전체를 통해 '이것이 저 사람이 하고 싶었던 말이구나' 하고 느끼게 된다. 이것이 바로 메시지다.

스티브 잡스가 스탠퍼드대학교 졸업식에서 했던, 전설의 스피치(44페이지 참조)라 불리는 연설은 '항상 갈망하라, 앎을 추구하라Stay hungry, Stay foolish'라는 마지막 말로 유명하다. 이는 사회로 첫발을 내딛는 졸업생들에게 무슨 일이 있어도 마음의 소리를 따르고 사랑하는 것을 좇으라는 메시지였다.

비폭력을 외치며 미국 공민권 운동을 이끌었던 마틴 루터 킹 목사는 '나에겐 꿈이 있습니다I Have a Dream'라는 유명한 연설을 남겼다. 그는 '흑인 시민권이 보장되어 언젠가는 노예였던 자의 자녀와 노예 소유자였던 자의 자녀가 더불어 사는 날을 실현하기 위해 '법을 어기지 말고 싸워나가자'라는 메시지를 전하고자 했다. 이처럼 스피치에는 전하고자 하는 메시지를 명확하게 담아야 한다.

기억에 남을 이야기를 하자

스피치는 귀로 듣고 이해하는 것이다. 종이에 적힌 문장과 달리 앞으로 되돌아가서 확인할 수 없다. 모두 경험해봤겠지만 아무리 멋지고 훌륭한 내용의 스피치라고 하더라도 사실 그 스피치 내용 중, 듣는 이의 기억에 남는 내용은 많지 않다. 말하는 이가 많은 것을 전하고 싶은 마음에 장황하게 말하기 시작하면 듣는 이는 '도대체 저 사람은 무슨 말이 하고 싶은 거지?'라고 생각한다. 따라서 스피치는 모든 시간을 들여서 단 한 가지의 메시지를 전달하는 것이 가장 좋다. 머릿속에 떠오른 이것저것을 말하기 전에 오늘 메시지로 무엇을 전달할 것인지 항상 생각하자.

스피치 대본을 준비할 때도 어떤 메시지를 전달할 것인지 먼저 생각하고, 그다음에 구체적인 문장을 적는다. 이렇게 하면 듣는 이에게 명확한 메시지를 전달할 수 있다. 그리고 일단 자리를 마련한 사람의 요청과 듣는 이의 기대를 명확하게 파악하는 것이 중요하다.

듣는 이에 대해 자세히 알면 마음을 깊이 파고드는 예리한 메시지를 준비할 수 있다. 또 기억에 남는 메시지를 준비하려면 듣는 이의 상황과 입장을 고려하면서 어떤 내용이 듣는 이에게 도움이 될지 곰곰이 따져보아야 한다.

- ○ 어떤 관점과 지식을 제공하면 앞으로 나아가야 할 길이 보일까(방향성)?
- ○ 앞으로 나아갈 용기와 자신감을 북돋아주려면 무엇이 필요할까(격려)?
- ○ 문제와 고민을 해결하는 데에 도움이 되는 도구는 무엇일까(도구)?

이렇게 방향성, 격려, 도구의 관점에서 말하는 이가 자신의 지식과 경험을 점검하면 청중에게 감동을 주는 메시지의 실마리를 찾을 수 있다. 청중의 입장에서 생각해보고 명확한 메시지를 준비하는 것, 이것이 바로 기억에 남는 스피치의 비결이다.

● **Point**

· 청중에게 전하고 싶은 것을 명확하게 정리한다.

· 한 가지 메시지를 전달하는 스피치가 가장 좋다.

· 듣는 이의 입장을 생각하면서 어떤 내용이 도움이 될지 생각한다.

02

누구나 끄덕이도록
이야기하는 법

감동을 주고 싶다면 두 가지의 '왜'를 담자

소니에서 CEO 스피치 라이터로 근무하던 시절, 상사에게 인사말을 해달라는 부탁이 들어올 때마다 엄청난 양의 자료를 수집해서 사무실에 틀어박혀 메시지를 준비하느라 골머리를 앓았던 기억이 있다.

이번 장에서는 스피치를 준비할 때 반드시 고려해야 하는 두 가지 '왜'에 대해서 살펴보고자 한다. 왜냐하면 이 두 가지 '왜'로 감동을 줄 수 있기 때문이다. 그리고 듣는 이에게 전달할 메시지를 생각하는 데에 힌트가 되기 때문이다.

첫 번째 '왜'는 왜 그렇게 하려고 하는가?, 즉 동기를 언급하는 것이다. 동기에는 스토리가 있다. 스토리를 이야기함으로써 청중에게 '그랬구나', '그런 거였구나' 등의 납득과 이해를 얻을 수 있다.

두 번째 '왜'는 왜 그렇게 하고 싶은가?, 즉 목적을 언급하는 것이다. 목적이란 미래에 대한 의지이자 비전이다. 무엇을 위해서 그것을 하는가?, 그것을 통해서 어떤 미래를 실현하고 싶은가를 의미한다. 그 목적이 사리사욕에 의한 것이 아니라, 다른 누군가를 위해서, 보다 좋은 사회를 만들기 위해서라는 대의에서 비롯된 것일 때 듣는 이는 힘이 되어주고 싶다, 응원하고 싶다는 생각이 들면서 마음이 움직이게 된다. 그만큼 '왜'를 담는 것은 매우 중요하다.

'왜'를 더하면 마음이 전해진다

나는 스피치 워크숍을 진행할 때 참가자들에게 자기소개를 시키는데, 반드시 두 가지의 '왜'를 포함하도록 한다. 대부분의 경우 처음 자기소개를 할 때 "☆☆회사의 △△입니다. 저는 ○○을 잘 못하고 서툴러서 배우러 왔습니다. 잘 부탁드립니다"와 같은 평범한 소개를 한다. 이런 자기소개는 어디 소속의 누구라는 최소한의 정보는 전달할 수 있지만 감동이 전혀 느껴지지 않는다. 두 가지의 '왜'를 더해 다음과 같이 구성해보자.

저는 ○○회사의 △△입니다. 제가 이번 워크숍에 참여하게 된 계기는 고객들에게 상품의 장점을 전달하고 싶은데 그러지 못하는 것이 고민이기 때문입니다. 얼마 전에도 이런 일이 있었습니다(구체적인 일화를 소개한다).

저는 오늘 워크숍을 통해서 말하는 기술을 배우고 고객들에게 감동을 전달할 수 있었으면 좋겠습니다. 상품 설명만 할 것이 아니라, 그 상품을 사용함으로써 고객들의 삶이 어떻게 편리해지는지, 그로 인해 어떤 변화가 생기는지 경험자의 이야기를 전달해 고객이 기대를 가질 수 있도록 하고 싶습니다. 그리고 이를 통해 매출을 올리고 이익을 창출해 그 매출로 회사가 보다 좋은 상품을 개발해서 고객에게 전달하는 선순환을 그리는 것이 저의 꿈입니다. 오늘 이 시간이 서로에게 좋은 자극제가 되었으면 합니다. 그리고 여러분과 함께 열심히 배우고 싶습니다. 잘 부탁드립니다.

어떤가? 두 가지의 '왜'를 더한 효과가 느껴지는가? 여러분이 회사를 소개할 때도 마찬가지다. 가령 "저희 회사는 ☆☆를 계기로 탄생했습니다. 그리고 고객들이 ◇◇라며 기꺼이 받아들일 수 있는 ◎◎한 미래를 꼭 만들고 싶습니다. 이것이 저희 회사의 꿈입니다"를 덧붙이면 인상적인 회사 소개를 할 수 있을 것이다.

두 가지 '왜'는 동기와 목적을 언급하는 것이다. 다시 말해 나의 속마음을 전달하는 것이다. 뻔한 정보만으로는 사람의 마음을 움직일 수 없다. 말하는 이가 자신의 속마음을 말할 때 비로소 듣는 이의 마음은 움직인다.

· 스피치를 작성할 때 동기와 목적, 두 가지의 '왜'를 넣는다.

· '왜'에 공감하면 마음이 움직인다.

· 뻔한 정보만으로는 사람의 마음을 움직일 수 없다.

두 가지의 '왜'에 자신의 경험을 연결하자

이번에는 '왜'를 자신의 경험과 연관지어 말하는 것의 중요성에 대해 살펴보자.

몇 년 전, 취업준비를 하던 대학교 3학년생들을 대상으로 면접용 자기소개에 관한 세미나를 진행했을 때의 일이다. 한 여학생이 치과 의료기기를 생산하는 회사에 들어가고 싶다고 말했다. 왜 그런 업계에 관심을 갖게 되었느냐고 묻자, 그 여학생은 치과에서 아르바이트를 하고 있기 때문이라고 대답했다. 나는 치과에서 아르바이트를 하는데 왜 치과 의료기기 회사에 들어가고 싶어졌는지 그 이유를 물었다. 그러자 "그게, 그러니까……"라고 말하며 머뭇거리다가 이렇게 대답했다.

사실 저는 치열이 나빠서 중학생 때에 교정을 했습니다. 교정하기 전에는 사람들 앞에서 이를 드러내는 것이 부끄러워 늘 소극적이기만 했던 아이였죠. 그런데 교정한 후에는 사람들과 이야기를 나누는 것이 너무 즐겁고 좋더라고요. 그래서 '치과에서 일하고 싶다', '치과에서 아르바이트를 해야겠다'라고 생각했습니다.

실제로 아르바이트를 하면서 드릴로 이를 갈 때나 마취 주사기를 봤을 때 환자들이 새파랗게 질리는 모습을 자주 목격했죠. 그런 모습을 보면서 환자가 공포를 느끼지 않는 편안한 치과 의료기기를 만드는 회사에 관심이 생기게 되었습니다.

나는 그 여학생에게 지금 한 이야기를 잘 정리해서 지원 동기를 다시 말해보라고 했다.

저는 치과 의료 기기 회사에 입사하기를 희망합니다. 치열이 나빠서 중학생 때에 교정을 했는데 그 덕분에 소극적이었던 저는 사람들과 적극적으로 잘 어울리는 외향적인 성격으로 바뀌었습니다. 그래서 치과는 참 중요한 곳이라는 생각을 했고, 대학생이 된 뒤에 치과 병원에서 아르바이트를 했습니다. 아르바이트를 하면서 저는 이를 깎는 드릴이나 마취 주사기를 보고 공포를 느끼는 환자가 많다는 것을 알게 되었습니다. (중략) 저는 대학생 때 배운 것을 바탕으로 환자들이 공포를 느끼지 않는 좋은 치과 기기를 꼭 만들고 싶습니다.

어떤가? 이런 학생이 면접에 나온다면 우리 회사에 와줬으면 좋겠다는 생각이 들지 않을까?

이 여학생을 제외한 대부분의 학생들이 처음에는 '회사에서 경리 업무를 맡고 싶다' 혹은 '여행 회사에서 투어 기획을 해보고 싶다' 등 어떤 일에 관심이 있는지 말하고 자기소개를 끝냈다. 그런데 여학생의 사례와 마찬가지로 내가 왜 그런 생각을 하게 됐느냐고 여러 번 묻는 과정에서 자신의 인생 경험에서 나온 지원동기와 함께 자기소개를 할 수 있게 되었다.

회사나 제품을 설명할 때도 마찬가지다. '저희 회사는 XX년에 창립한 회사로 이런 사업을 운영하고 있으며 이런 상품을 생산하고 있습니다'로 소개를 마칠 것인가? 이런 설명으로는 회사 사업이나 상품 소개에 어떤 감동도 전할 수 없다. 왜 이 회사를 세웠는지, 왜 이 상품을 개발하려고 생각했는지 동기를 언급하는 것이 중요하다.

내가 예전에 근무했던 소니에는 회사를 설립하게 된 동기를 적은 '설립취의서'라는 문서가 있었다. 전쟁이 끝난 허허벌판 속에서 창업자 이부카 마사루는 규모를 좇지 않고 성실한 기술자를 위한 이상적인 공장을 만들고 싶다는 생각을 품고, 소니의 전신인 동경통신공업을 창립했다. 그리고 성실한 엔지니어가 열심히 신제품 개발에 힘쓰는 자유로운 기업으로 발전시켰다. 소니가 세계를 무대로 활약하며 좋은 기업으로 거듭날 수 있었던 것은 '왜 이 회사를 세웠는가?' 하는 이유를 항상 언급해온 것과 관련이 깊다.

· 자신이 '왜' 그렇게 생각하게 되었는지를 덧붙인다.

· 자신의 경험과 '왜'를 연결지으면 스피치의 설득력이 높아진다.

· 회사나 상품에 대해서 이야기할 때도 '왜'가 중요하다.

03

구조부터 잘 짜는 법

짜임새 있는 구성을 만들자

스피치의 문장을 생각할 때는 짜임새 있는 전체 구성을 고려해야 한다. 청중에게 메시지를 효과적으로 전달하려면 스피치의 구조를 어떻게 짜면 좋을지 많은 고민을 해야 한다.

보통 스피치의 구조는 의식하지 않고 그저 생각나는 대로 말하는 실수를 반복한다. 그 결과 스피치가 장황해지고 맥락 없는 말만 되풀이하다가 어느새 시간이 다 되어 단상에서 내려오는 경우가 많다. 그나마 이야기 하나하나가 재미있는 경우에는 웃음을 유발하기도 하지만 대부분의 경우에 듣는 이는 '도대체 저 사람은 무슨 말이 하고 싶은 거야?', '아, 지루해. 언제 끝나지?'라고 생각한다.

하고 싶은 말을 명확하게 전달하는 인상 깊은 스피치를 하려면

- 오프닝(도입)
- 바디(본론)
- 클로징(마무리)

위와 같이 세 가지를 나눈 구성으로 전체적인 구조를 짜야 한다.

오프닝

우선 오프닝에는 세 가지 역할이 있다. 첫 번째는 듣는 이의 관심을 끄는 역할이다. 서두에서 뻔한 인사말로 몇 분을 낭비하는 경우가 종종 있는데, 이는 듣는 이의 마음에서 스피치를 들으려는 기분을 싹 사라지게 만든다. 서두에서 이 스피치를 꼭 듣고 싶다는 마음이 들게 하려면 청중의 마음을 확 잡아 끌 만한 무언가를 제공해야 한다.

두 번째는 듣는 이와 마음을 나누는 역할이다. 듣는 이는 말하는 이에게 어떤 사람일까?, 털털한 사람일까?, 위압적인 사람일까?, 신뢰할만한 사람일까?, 남의 비위를 잘 맞추는 사람일까? 등등 기대와 불안이 뒤엉킨 복합적인 감정을 갖는다. 오프닝은 청중이 마음의 문을 열고 이야기에 대한 신뢰감을 쌓는 시간이다.

세 번째는 주제와 로드맵을 제시하는 역할이다. 오늘의 스피치가 무엇에 관한 것인지, 대강 어떤 구성으로 이야기를 할 것인지

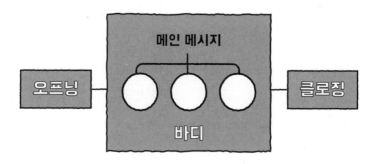

에 대해서 간단하게 언급하는 것이다. 오프닝에서 주제와 로드맵을 제시하지 않고 바로 시작하는 스피치는 듣는 이가 '이 스피치는 도대체 어디로 가는 거지?', '무슨 말을 하려는 거지?' 하는 의문을 품게 만든다. 3분, 5분 정도의 스피치라면 그나마 괜찮지만 30분 혹은 1시간가량의 스피치는 이내 듣는 이의 집중력을 떨어뜨리고 만다.

바디

바디는 스피치의 본론을 말하는 부분이다. 스피치는 귀로 듣는 것이다. 글은 이해하기 어려운 부분이 있으면 몇 번이고 되돌아가서 다시 읽을 수 있지만 귀로 듣는 스피치는 그렇지 않다. 따라서 본론에 해당하는 바디는 조리있게, 심플하게 구성해야 한다.

본론을 구성하는 대표적인 방법으로는 포인트 제시형, 문제해결형, 스토리형의 세 가지가 있다. 세 가지 방법은 뒤에서 자세히 살펴보도록 하자.

- 결론을 단적으로 전달하는 데에 적합한 포인트 제시형 바디
- 문제점과 해결책을 자세히 설명하는 데에 적합한 문제해결형 바디
- 경험과 교훈을 언급하는 데에 적합한 스토리형 바디

클로징

클로징은 스피치의 끝을 마무리하는 부분이다. 막바지에 접어들어서 내가 가장 전하고 싶었던 것을 다시 한 번 언급해 듣는 이에게 각인시키는 것이다. 사실 귀로 전해들은 말은 기억에 잘 남지 않는다. 그나마 마지막으로 들은 말이 가장 기억에 남기 쉬우니 클로징 부분에서 어떻게 하면 듣는 이의 마음에 메시지를 새길 수 있을지, 그 방법을 고민해보자.

이와 같이 오프닝, 바디, 클로징을 갖춘 스피치를 구성하면 짜임새 있고 강한 인상을 남기는 말하기가 가능해진다.

● Point

- 오프닝, 바디, 클로징의 세 부분으로 구성한다.
- 바디는 조리 있고 심플하게 작성한다.
- 클로징에는 가장 전하고 싶은 메시지를 담는다.

포인트 제시형 또는 문제해결형이어야한다

이번에는 앞서 언급했던 스피치의 본론에 해당하는 바디를 어떻게 구성하면 좋을지 자세히 살펴보도록 하자.

귀로 듣고 이해하는 스피치는 이전 단계로 되돌아갈 수 없다. 그래서 글보다 훨씬 더 간단하고 알기 쉽게 구성해야 한다. 15분 혹은 30분 분량으로 어느 정도 길이가 있는 스피치는 바디에 너무 많은 이야기를 담으면 듣는 이가 '도대체 무슨 말이 하고 싶은 거지?' 하며 헤맬 수 있다. 그래서 이야기를 몇 개의 큰 덩어리로 나누어 구성할 필요가 있다.

예를 들어 인생의 경험을 통해 배운 것을 주제로 스피치 할 때는 유년 시절, 학생 시절, 사회인 시절처럼 시간의 흐름에 따라 세 부분으로 구성한다. 그리고 자신이 거주하는 지역을 주제로 스피치 할 때는 관광 명소, 지역 풍습, 상공업처럼 지역적인 특색에 따라 세 부분으로 구성한다. 이렇게 포인트를 큰 덩어리로 나누어 구성하는 스타일을 '포인트 제시형'이라고 한다. 포인트 제시형을 잘 활용하면 스피치를 보다 심플하게 구성할 수 있고, 자신의 주장을 직접적으로 전달할 수 있다.

한편 지금까지 고수해왔던 사업 방침을 바꾸자고 직원들에게 호소할 경우에는 '문제해결형'이 적합하다. 구체적으로는 다음과 같은 흐름으로 바디를 구성하면 좋다.

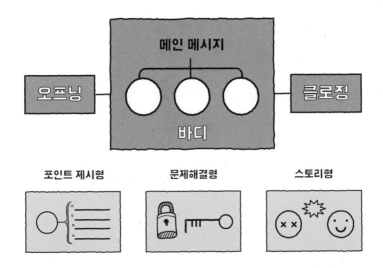

주목: 관심을 끄는 화제를 제공하고 스피치를 듣고 싶게 만든다.

문제점: 문제점을 제시해서 행동을 취해야겠다는 의지를 자극한다.

해결책: 문제에 대한 해결책을 제안함으로써 어떻게 하면 좋을지 제시한다.

시각화: 해결책을 실행한 결과가 어떻게 될지 제시해 해결책의 장점을 이해시킨다.

액션: 구체적인 행동을 요청함으로써 실행에 옮길 때 협조하도록 촉구한다.

가령, 중고책 판매 회사를 경영하는 사람이라면 다음과 같은 스피치를 생각할 수 있다.

주목: 올해는 아마존의 전자책 리더기인 킨들이 일본에 상륙한다. 미국에서는 킨들이 발매된 이후 단숨에 전자책 시장이 확대되었다.

문제점: 자사 매출은 중고책이 약 90%를 차지하고 있어서 이대로라면 종이책

의 쇠퇴와 함께 중고책 유통량도 줄어들어 매출이 뚝 떨어질 위험이 있다.

해결책: 이런 사태에 대비하기 위해 지금부터 책 이외의 다른 중고품으로 관심을 확대해야 한다. 따라서 현재 매출의 10%를 차지하는 중고의류를 3년 후에는 50%까지 확대해야 한다.

시각화: 중고의류의 비율을 높이면 지금처럼 매출 성장과 높은 이익률 확보를 기대할 수 있다. 그런데 만일 향후에도 중고책에만 의지한다면 몇 년 사이에 매출이 급감해 인원 삭감을 단행할 수밖에 없을 것이다.

액션: 앞으로 회사가 더욱 발전하고 직원들의 삶을 안정시켜 더 많이 활약할 수 있는 기회를 만들기 위해 중고의류를 전문적으로 판매하는 새로운 점포를 3개월 후에 열고자 한다. 그래서 직원들의 협조가 그 어느 때보다 절실하다.

이렇게 바디를 심플하게 구성하면 귀로 듣고 이해하기 쉬운 스피치를 할 수 있다. 다음 장에서는 바디를 구성하는 대표적인 방법으로, 자신의 경험을 이야기할 때 활용하는 '스토리형'에 대해서 설명하고자 한다. 나의 생각을 전하고 듣는 이의 마음을 움직이는 스피치가 하고 싶다면 스토리형 바디를 구성해보자.

● **Point**

· 이야기의 포인트를 나누어 제시한다.(포인트 제시형 바디)

· 문제점과 해결책을 제시하면 사람은 움직인다.(문제해결형 바디)

· 바디를 잘 구성하면 이해하기 쉬운 스피치를 할 수 있다.

전설이 된 스티브 잡스의 스피치

미국 애플사의 창업자인 스티브 잡스가 2005년에 미국 스탠퍼드대학교 졸업식에서 했던 연설은 '전설의 스피치'로 많은 사람들에게 알려져 있다. 불과 15분밖에 되지 않는 스피치였지만 깊은 감동을 전했다.

오늘 전 세계적으로 유명한 대학교의 졸업식에 여러분과 함께 참석하게 되어 매우 영광입니다. 대학을 졸업하지 못한 저에게 오늘은 처음으로 경험하는 졸업식이에요. 오늘은 제가 인생을 통해서 배운 세 가지를 여러분에게 이야기하려고 합니다.

첫 번째는 점(경험)과 점(경험)을 잇는 것입니다. 저는 대학교에 입학한 지 반년 만에 자퇴를 했습니다. 수업에 흥미가 없었고 양부모님이 평생을 바쳐서 모은 돈을 낭비하는 것이 싫었어요. 자퇴한 후에는 학교에 남아서 캘리그라피 수업을 몰래 들었습니다. 이때만 해도 이 수업이 제 미래와 어떻게 이어질지 꿈에도 상상하지 못했었지요. 이때 배운 캘리그라피는 훗날 매킨토시 컴퓨터의 예쁜 포트를 만드는 데에 큰 도움이 되었습니다. 점과 점은 반드시 이어져요. 그러니 여러분도 자신감을 갖고 마음의 소리를 따라 앞으로 나아가세요.

두 번째는 사랑과 패배에 관한 것입니다. 스무 살에 애플을 창업한 후, 애플을 10년 동안 직원 4,000명 규모의 큰 기업으로 성장시켰습니다. 하지만 매킨토시를 출시하고 내부 갈등이 생겨 1년 뒤 회사를 나오게 되었어요. 삶의 목적을 잃고 방황했고 몹시 힘겨운 생활을 했습니다. 그래도 제 일을 진정으로 사랑했기에 계속 노력했어요. 그 시기에 NeXT와 픽사를 설립했고 지금의 아내와도 만났습니다. 나중에 애플이 NeXT를 합병해 옛 둥지로 복귀할 수 있었어요. 사랑하는 일을 하면 후회 없는 인생을 살 수 있습니다. 타협하지 말고 마음속 깊이 사랑하는 일을 찾으세요.

세 번째는 죽음에 관한 것입니다. 저는 1년 전에 췌장암 진단을 받았습니다. 의사는 반년밖에 살지 못할 거라고 말했지요. 그러나 수술을 받고 기적적으로 회복했습니다. 암 투병을 통해 단언할 수 있게 되었어요. 우리 인생의 시간은 정해져 있으니 결코 다른 누군가의 인생을 살아서는 안 된다는 것을요. 내면의 소리와 직감을 따르는 강인한 용기를 가지세요. 그러면 내가 진정으로 바라는 모습이 보일 겁니다.

1970년대 중반에 내가 여러분과 비슷한 또래였을 때, 《전지구 카탈로그》라는, 동세대에게 바이블과도 같은 잡지가 있었습니다. 마지막 호 뒷면에 이런 글이 적혀 있었어요. '항상 갈망하라, 앎을 추구하라Stay hungry, Stay foolish.' 이 문장은 필자가 독자에게 보내는 작별 인사였지요. 저는 지금까지 늘 그러길 바라며 살았습니다. 이제 대학교를 졸업하고 사회로 나가는 여러분도 그러길 바랍니다. 항상 갈망하세요. 앎을 추구하세요. 제 이야기를 들어주어서 고맙습니다.

사실, 스피치하면 미국 전 대통령인 버락 오바마나 마틴 루터 킹 목사같은 정치가나 사회 활동가의 연설이 유명하다. 하지만 두 사람은 모두 국민을 대상으로 한 연설이라 단어 선택이나 테크닉이 상당히 높은 수준이다. 이에 반해 스티브 잡스의 스피치는 내용과 말투 등 어느 것 하나 어려운 테크닉을 사용하지 않았다. 그러나 서두에서 주의를 끈다, 이야기를 심플하게 구성한다, 경험을 이야기한다, 마지막에 메시지를 강조한다 등 앞서 말한 스피치의 법칙을 잘 갖춰 이야기했다. 이 법칙을 잊지 않으면 누구든 쉽게 훌륭한 스피치를 해낼 수 있다.

애플을 부활시킨 스티브 잡스의 스피치

스티브 잡스는 애플로 복귀한 1997년 9월, 사내 회의에서 인상적인 스피치를 했다. 당시 애플은 파산 직전의 상태로 매우 힘든 시기였다. 그런 상황 속에서 복귀한 스티브 잡스는 스피치를 통해서 자신감을 잃고 방황하는 직원들의 마음을 다잡는 계기를 마련했다.

애플은 세계 톱 브랜드 중 하나입니다. 그런데 요즘 무시를 당하고 있어요. 우리는 애플을 다시 위대한 브랜드로 재건해야 합니다. 그러기 위해서 자질구레한 기능이나 CPU의 속도는 중요하지 않습니다.

또 윈도보다 얼마나 우수한지도 중요하지 않아요.

좋은 사례가 있습니다. 바로 나이키입니다. 나이키는 광고에서 신발에 대한 이야기를 일절 언급하지 않아요. 그들은 위대한 스포츠 선수와 멋진 경기에 대해 경의를 표합니다. 그것이 나이키입니다. 나이키가 무엇이고 무엇을 의미하는지를 드러내는 것이지요.

그런데 우리는 거액의 광고비를 지불하는데도 아무도 애플이 무엇인지 모릅니다. 우리의 고객은 애플이라는 브랜드가 무엇을 위해서 존재하는지 알고 싶어 합니다. 우리는 그저 사람들이 일하는 데에 사용하는 상자(컴퓨터)를 만드는 회사가 아닙니다. 우리의 가치는 그것을 뛰어넘습니다.

우리의 신념은 열정을 가진 자가 보다 나은 세상을 만들 수 있다는 것입니다. 자신이 세상을 바꿀 수 있다고 진심으로 믿는 미친 사람들이 진짜로 세상을 바꾼다고 마음속 깊이 믿는 것이에요.

앞으로 몇 년이 걸릴지 모를 마케팅 캠페인을 통해 우리는 이 신념을 되찾아야 합니다. 시대가 아무리 바뀌어도 이 신념은 바뀌지 않을 거예요. 마케팅 캠페인의 주제는 'Think Different'입니다. 이는 남들과 다른 생각을 해서 세상을 발전시킨 사람들에게 경의를 표한 것이기도하지요. 이것이 애플을 의미할 것이고 우리의 마음을 움직일 것입니다.

미친 사람들이 있습니다. 하지만 그 누구도 그들을 무시할 수 없어요. 왜냐하면 그들이 세상을 바꿨기 때문입니다. 그들은 인간의 진보를 앞당겼어요. 사람들은 그들을 미쳤다고 말하지만 전 그들이 천재라고 생각합니다. 자신이 세상을 바꿀 수 있다고 진심으로 믿는 사람들이 진짜로 세상을 바꿀 수 있으니까요.

이것이 애플이 존재하는 의미입니다. 저는 왜 애플이 이 세상에 필요한지를 알리고 싶어요. 중요한 것은 우리가 애플을 재건할 수 있느냐가 아니라, 다시 한 번 위대한 기업으로 만들 수 있느냐라는 것을 잊지 마세요. 모두 함께 열심히 노력합시다.

그리고 스티브 잡스는 이렇게 마무리했다. '이것이 애플이 존재하는 의미다. 나는 왜 애플이 이 세상에 필요한지를 알리고 싶다. 중요한 것은 우리가 애플을 재건할 수 있느냐가 아니라, 다시 한 번 위대한 기업으로 만들 수 있느냐. 모두 함께 열심히 노력하자'

스피치가 끝난 후 회의장은 박수갈채로 가득했다고 한다. 스티브 잡스는 스피치를 통해서 눈앞의 경쟁에 사로잡혀 자신의 존재 의의와 본래 목적을 잊고 있었던 직원들을 각성시켰다. 만일 여러분도 막다른 골목에 다다랐다면 다시 한 번 자신이 그 일을 시작한 시점으로 돌아가 보는 것은 어떨까?

각오, 열정, 신념이 사람을 움직인다

스티브 잡스의 스피치와 프레젠테이션에 사람들은 왜 마음을 빼앗기는 것일까? 나는 그의 자서전과 스피치 영상, 자료 등을 분석했다. 중요한 점을 발견할 수 있었다. 바로 그가 하는 스피치의 본질이 각오, 열정, 신념에 있었다는 점이다.

각오　각오란 자기 스스로에게 주어진 사명을 반드시 이루겠다는 자각이다. 스티브 잡스는 컴퓨터를 통해 사람들이 창의력을 발휘하고, 세상을 바꾸기 위해서 자신과 애플이 존재한다는 강한 사명감을 지니고 있었다. 그리고 자신의 인생을 걸고 그 사명을 반드시 이루겠다는 확고한 각오를 가지고 노력했다.

열정　열정이란 뜨거운 의지를 품는 것이다. 스티브 잡스는 심플함과 용이성을 겸비한, 사람들을 설레게 만드는 제품을 만들고 싶다는 뜨거운 의지를 품고 있었다. 이것이 아이폰, 아이패드같은 혁신적인 제품을 탄생시키는 원동력이 되었다.

신념　신념이란 반드시 할 수 있다고 믿는 힘이다. 스티브 잡스는 자신이 세상을 바꿀 수 있다고 진심으로 믿는 사람이 진짜로 세상을 바꿀 수 있다고 굳게 믿었고 자신에게도 그렇게 말했다.

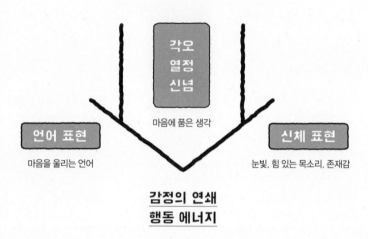

사람을 움직이는 스피치의 본질

각오
열정
신념

마음에 품은 생각

언어 표현

마음을 울리는 언어

신체 표현

눈빛, 힘 있는 목소리, 존재감

**감정의 연쇄
행동 에너지**

스티브 잡스가 스피치와 프레젠테이션을 할 때 마음속으로 품었던 이 세 가지가 언어와 신체 메시지를 통해 청중에게 전달되었다.

앞서 말했듯이 1997년 애플로 복귀한 직후 그는 사내 회의에서 애플의 사명과 각오를 다지며 직원들이 사명감을 갖도록 일깨우고, 그들을 다시 일으켜 세웠다. 2007년부터 아이폰으로 대표되는 애플의 신제품 발표회에서 매번 스티브 잡스는 직접 프레젠테이션을 진행하며 신제품에 담긴 열정을 전달하고 사람들의 마음을 사로잡았다.

또한 2005년에는 스탠퍼드대학교 졸업식에서 세 가지 경험과 교훈을 전하며 클로징에서 '항상 갈망하세요. 앎을 추구하세요.'라는 말을 남겼다. 신념을 갖고 살아온 자신의 경험을 이야기해 학생들에게 도전하는 용기를 북돋아주었다.

내가 품은 각오, 열정, 신념은 듣는 이의 마음속에 잠들어 있던 생각과 감정을 일깨운다. 그 생각과 감정은 행동의 원동력이 된다. 그러므로 스피치를 할 때는 자신의 각오, 열정, 신념을 떠올려보자. 그것들을 가슴에 품고 듣는 이에게 말하려고 노력해보자.

사람의 마음을 울리는 스피치의 본질은 겉만 번지르르한 테크닉을 갈고닦는 데에 있는 것이 아니라, 마음속 깊은 곳에 품은 생각에 있다.

2부

파토스 법칙

파토스는 감정을 의미한다.

감정은 종종 이성을 능가한다.

듣는 이의 마음을 움직이는 것이 중요하다.

04

나만의 이야기를 하는 법

마음을 여는 나의 스토리

3장의 마지막 부분에 이어서 스피치의 본문에 해당하는 바디를 구성하는 대표적인 방법인 스토리형에 대해서 알아보자.

스토리는 사람의 마음을 흔드는 힘이 있다. 경험을 이야기할 때는 사건→갈등→해결→교훈의 흐름으로 구성하는 것이 효과적이다. 내 경험을 예시로 살펴보도록 하자.

사건

1997년의 일이다. 나는 2년간의 유학을 마치고 소니로 돌아와 이데이 노부유키 사장의 스피치 라이터로 근무하게 되었다. 그해 겨울에 소니를 대표하는 3인방 오오가 노리오 회장, 이데이 노부유키 사장, 이바 다모쓰 부사장이 경영 방침을 발표하는 간부회의에 참석하게 되었다. 세계 각국의 경영 간부 500여 명이 모이는 발표회장에서 나는 맨 앞줄 중앙에 앉은 이데이 사장의 바로 뒷자리에 배치되었다. 오오가 노리오 회장이 단상에 올라서 첫마디를 내뱉으려고 큰 숨을 들이키던 그 순간, 조용하던 발표회장에 '삐삐삐' 휴대폰 벨소리가 울렸다. 삽시간에 발표회장은 꽁꽁 얼어붙었다.

갈등

그 순간, 나는 바지 주머니에서 진동을 느꼈다. 손을 대어보니 사장 비서가 긴급 연락용이라며 건네줬던 휴대폰이 있는 것이 아닌가? 발표회장에 울려퍼지는 휴대폰 벨소리의 진원지는 다름 아닌 내 바지 주머니였던 것이다. 무척 당황한 나머지 나는 얼굴이 새파랗게 질렸다. 등 뒤로 간부 500여 명의 따가운 시선이 느껴졌다. 바지 주머니에서 얼른 휴대폰을 꺼내어 버튼이란 버튼은 모조리 눌러봤지만 좀처럼 벨소리는 멈추지 않았다.

열 번 정도 더 울렸을까? 간신히 벨소리가 멈췄다. 나는 고개를 푹 숙인 채 쥐구멍이라도 있다면 숨고 싶을 정도로 위축되었다. 단상에 서 있던 오오가 회장은 화난 표정이었지만 심호흡을 다시 하고 스피치를 시작했다. 그런데 회장이 "안녕하십니까?"라고 입을 연 순간, 어이없게도 또다시 휴대폰 벨소리가 울렸다.

소스라치게 놀란 나는 어찌할 바를 몰랐고, 휴대폰은 내 손 안에서 널뛰듯이 춤추었다. 앞좌석에 앉아 있던 이데이 사장은 뒤돌아서 험상궂은 표정으로 나를 째려봤다. '이제 끝장이구나. 잘 리겠구나' 하는 생각이 들었다. 몇 초간의 사투 끝에 겨우 휴대폰 벨소리를 껐다. 나는 내가 저지른 일이 너무나도 심각해서 어떻게 해결해야 할지 엄두가 나지 않았다. 그런 와중에 오오가 회장은 아무 일도 없었다는 듯이 스피치를 마쳤고, 그다음 이데이 사장과 이바 부사장이 스피치를 마친 뒤 발표회는 끝이 났다.

나는 고민하기 시작했다. 오오가 회장은 내가 벨소리의 범인이라는 것을 알아채지 못했을지도 모른다. 가만히 있으면 그냥 넘어갈 수 있는 일이다. 하지만 이대로 가만히 있는다면 평생 후회할 것 같았다. 곧바로 사과하러 가야겠다고 결심했다.

해결

발표회장을 빠져나와 곧장 본사 빌딩을 향해 달렸다. 승강기를 타고 제일 꼭대기 층을 눌렀다. 회장실 앞에서 잠시 가쁜 숨을 멈추고 비서에게 "오오가 회장님께 사과 드리러 왔습니다"라고 말했다. 회장실 문이 열리자 건너편에 풍채 좋은 오오가 회장이 서있었다. 나는 용기를 내어 몸을 90도로 숙이며 사과의 말을 건넸다.

"회장님, 오늘 발표회장에서 울렸던 벨소리의 범인은 접니다. 죄송합니다."

어떤 비난을 들어도 어쩔 수 없는 일이라고 생각했다. 그런데 오오가 회장은 내 눈을 보고 이렇게 말했다.

"아, 그게 자네였나? 콘서트에서도 자주 있는 일이지. 다음부터는 조심하도록 하게."

이 말 한마디로 오오가 회장은 나를 용서해주었다.

교훈

이 경험을 통해서 나는 정직함의 중요성을 배웠다. 자신의 잘못을 인정하고 정직하게 사과하면 상대방도 마음의 문을 열고 용서해준다. 그렇게 용서받고 나면 자신을 자책하지 않아도 된다. 또한 오오가 회장의 리더다운 면모에 감동했다. 나도 다른 사람을 너그러이 용서할 수 있는 사람이 되어야겠다고 결심했다.

● Point

· 사건→ 갈등 → 해결 → 교훈의 흐름으로 구성한다.

· 그때그때 생긴 마음의 변화도 자세하게 묘사한다.

· 자신의 경험을 통해서 얻은 교훈은 듣는 이의 마음을 울린다.

기억에 남는 나의 스토리

이번에는 스피치에 엮을 스토리의 효과와 그 구성 방법에 대해 살펴보자. 다른 사람에게 어떤 사건을 전달하는 방법에는 두 가지가 있다. 하나는 사실을 간결하게 정리해서 어떤 일이 일어났고 어떻게 되었는지 담담하게 객관적으로 설명하는 방법이고, 다른 하나는 '당사자의 관점에서 어떤 일이 일어났고, 무엇을 느꼈으며 어떻게 되었는지 감정을 담아서 주관적으로 설명하는 방법이다. 스피치에 엮는 스토리는 후자의 방법을 활용한다.

앞에서 스토리의 실제 사례로 나의 경험담(실수담)을 들었다. 이 경험담을 들은 친구는 '마치 그 자리에 있었던 것처럼 생생했다', '마치 내 일처럼 가슴이 떨렸다', '회장한테 사과하는 장면에서는 용서해줬으면 하고 바랐다' 등의 소감을 말해주었다.

이처럼 스토리에는 다음의 네 가지 효과가 있다.

① 감정을 이입한다

스토리를 통해 내가 무엇을 생각하고 무엇을 느꼈는지를 생생하게 전달하면 듣는 이는 마치 자신이 이야기의 주인공이 된 느낌이 든다. 나와 똑같은 감정을 갖게 되고, 결국 마음이 움직인다.

② 마음을 연다

내가 사실이 이러하니 이렇게 해야 한다는 식으로 메시지를 전달하면 듣는 이는 마음의 문을 닫을 수 있다. 그런데 일단 스토리를 이야기하고 '이런 경험에서 이런 교훈을 얻었다. 그러니 꼭 이렇게 해보면 좋겠다'는 식으로 메시지를 전달하면 내가 왜 그런 생각을 하게 되었는지 자연스럽게 이해하고, 마음의 문을 열며 나의 이야기에 귀를 기울인다.

③ 기억에 새긴다

나의 행동과 감정을 섞어서 말하는 스토리는 기억하기도 쉽다. 실제로 종이와 잉크가 없었던 오랜 옛날부터 전해져 내려오는 소중한 지혜와 교훈은 스토리 형태로 지금까지 이어지고 있다. 또한 사람의 뇌는 스토리를 기억하기 쉬운 구조로 되어 있다.

④ 다른 사람에게 이야기하고 싶다

사람은 기억에 남는 스토리를 자신도 모르게 누군가에게 말하고 싶다. 사실을 담담하게 전달받았을 때는 이야기가 끝난 후 머릿속에 아무것도 남지 않는 경우가 많다. 그런데 스토리 형태로 전달받았을 때는 듣는 이가 오랫동안 기억하게 되어 다른 사람에게 생생하게 전달할 수 있게 된다.

스토리를 다음과 같은 방법으로 구성하면 누구나 간단하게 드라마틱한 이야기를 할 수 있다. 스토리의 묘미는 주인공이 역경을 딛고 갈등을 극복해나가는 과정에 있다. 사건 설명은 되도록 짧게 하고, 심리 묘사를 포함해 갈등 장면을 자세하게 표현하는 것이 포인트다.

사건
언제, 어디서, 누가
어떤 상황에서
어떤 충돌이 일어났는가

갈등
그 결과 어떤 갈등이 생겼는가
그 갈등을 극복하기 위해서 무엇을 했는가
그 과정에서 어떤 역경을 경험했는가

해결
최종적으로 어떻게 해결했는가 / 해결하지 못했는가

교훈과 메시지
이 경험을 통해서 무엇을 배웠는가
듣는 이에게 무엇을 전달하고 싶은가

짧은 스피치라면 스토리만으로 구성해도 좋다. 긴 스피치라면 스토리를 곳곳에 넣어 마음을 움직이는 멋진 스피치를 해보자.

- 스토리에 감정을 담아 주관적으로 말한다.

- 기억에 남는 스토리는 자신도 모르게 누군가에게 말하고 싶어진다.

- 상황 설정은 되도록 짧게, 갈등 장면은 심리 묘사를 포함해 생생하게 한다.

스토리와 논리를 적절히 섞자

스토리의 중요성을 알았다면 그다음 단계로 스토리와 논리(논설)의 관계에 대해서 살펴보자. 누군가의 이야기를 들으면서 '장황하다', '요점이 뭔지 모르겠다'는 생각이 들거나 '딱딱하다', '전혀 마음에 와닿지 않는다'고 느낀 적이 있을 것이다. 전자는 이야기를 들려주듯이 말하는 사람이고, 후자는 논리적으로 말하는 사람의 특징이다.

여러분은 어느 쪽에 해당한다고 생각하는가? 대부분 둘 중 어느 한쪽으로 치우치기 마련이다. 그런데 양쪽의 특징을 이해하고 의식적으로 구분해서 활용할 수 있게 되면 일상의 대화는 물론, 많은 사람들 앞에서도 강한 인상을 남기는 스피치를 할 수 있다.

① 이야기를 들려주듯이 말하는 유형

스토리의 특징은 사건을 일어난 순서대로 하여 보거나 듣거나 느낀 것을 들려주는 것이다. 즉, 시간 흐름에 따라 자신 혹은 다른 사람의 관점에서 주관적으로 말하는 것이다. 우리는 보통 이런 식으로 사고한다. 그래서 깊이 생각하지 않으면 사건을 일어난 순서대로 이야기하기 쉽다. 초등학생 때 썼던 일기가 그 전형적인 예라고 할 수 있다. 운동회나 소풍 때 일어난 사건을 순서에 따라 묘사하고 그때그때 느낀 감정을 서술하기 때문이다.

이야기를 들려주듯이 말하면 현장감을 느낄 수 있다. 잘 짜인 이야기를 듣고 있으면 마치 이야기 속 주인공이 된 것 같은 느낌이 들면서, 주인공의 기분이나 눈앞에 펼쳐진 광경을 그 자리에 있는 것처럼 생생하게 느낄 수 있다. 말하는 이와 듣는 이 사이에 감정 공유가 일어나는 것이다.

그런데 만일 이런 방식으로 업무 보고를 하면 어떨까? "어제 나갔던 시장조사 보고입니다. 아침 10시부터 예비 고객을 만났는데, 첫 번째 고객은 맞벌이하는 분이었고 ☆☆한 이야기를 해주셨습니다. 매우 호의적이어서 이야기가 잘되었습니다. 두 번째 고객은 가족과 떨어져 혼자 지방 근무지로 전근을 가게 된 직장인이었는데 △△한 이야기를 해주셨습니다. 고객의 기분이 별로여서 좋은 정보를 얻지는 못했습니다. 마지막으로는……." 이런 식의 보고를 듣고 있으면 상사는 분명히 '무슨 말이 그렇게 많나? 요점만 간단히 보고하게'라고 말하고 싶어질 것이다.

② 논리적으로 말하는 유형

이에 반해 논설은 사건이나 타인의 주장에 대한 자신의 의견을 논리적으로 개진하는 것이다. 자신의 주장이 타당하다는 설명을 하는 것이 중요하므로 다양한 사례와 자료, 전문가의 견해를 이용해서 주장을 뒷받침해야 한다.

논설은 사건의 일부분을 발췌해서 순서를 바꾸거나 다른 사례와 비교하면서 논리를 전개한다. 그래서 이야기를 들려주듯이 말하는 유형과 달리 분석적이고 객관적이다. 대학교 논문이나 조사 보고서, 리포트 등이 대표적인 예다. 감정이나 주관적인 묘사를 최대한 배제하기 때문에 이런 방식으로 말하면 주장의 합리성은 이해시킬 수 있으나 듣는 이의 마음을 움직여서 의욕을 자극하기는 어렵다.

두 가지 유형을 적절히 섞어 말하자

앞의 두 가지 유형의 특징을 잘 이해해서 상황에 따라 적절하게 활용하는 것이 중요하다. 예를 들어, 비즈니스 시장을 분석하고 검토할 때는 가능한 한 사실에 근거해서 객관적으로 말하는 것이 좋다. 하지만 검토 결과를 바탕으로 직원들에게 좀 더 분발해서 사업을 추진해나갔으면 좋겠다고 호소할 때는 냉정하고 담담하게 사실과 분석 결과를 전달하는 것만으로는 부족하다.

객관적인 사실에 덧붙여 자사 제품의 힘겨운 상황과 고객의 불만, 경쟁사의 노력하는 모습을 전달하거나, 기대하는 미래의 모습을 이야기하듯이 말해보자. 나의 안타까운 심정과 분발하겠다는 태도, 열정을 전달하는 것이 효과적이다. 이렇게 하면 설득과 감동 요소를 두루 갖춘 인상적인 스피치를 할 수 있다.

● Point

- 스토리와 논설의 특징을 이해하는 것이 중요하다.
- 사실을 이해시킬 때는 논설, 행동을 촉구할 때는 스토리가 필요하다.
- 설득력과 감동 요소를 두루 갖춘 스피치를 구성할 수 있다.

05

내 감정을 솔직하게 드러내는 법

구체적인 단어로 감정을 표현하자

자신의 감정을 구체적인 단어로 명확하게 표현하는 것. 이는 스피치에서 듣는 이의 마음을 자극하고 움직이는 데에 매우 중요하다. 왜냐하면 사람은 일단 상대방의 감정을 받아들이면 그와 동일한 감정을 갖는 습성이 있기 때문이다. 느낀 점을 생생하게 구체적인 표현으로 전달하면 그 감정은 보다 강하게 상대방의 마음에 전달된다.

이번에는 2013년에 급격한 엔저 현상으로 일본 국내 공장의 폐쇄를 면할 수 있었던 두 사장의 스피치를 비교해보자.

사장 A

2013년에는 환율이 크게 엔저 방향으로 움직일 것으로 예상됩니다. 지금까지의 수준으로 엔고 현상이 지속된다면 우리 회사는 국내 공장을 폐쇄하고 오랫동안 함께 일했던 직원들을 해고할 수밖에 없는 상황이었을 겁니다. 다행히도 그런 사태만큼은 피할 수 있을 것 같습니다. 연초부터 시작된 엔저 현상은 상당히 좋은 뉴스로 느껴집니다.

사장 B

2013년에는 환율이 크게 엔저 방향으로 움직일 것으로 예상됩니다. 지금까지의 수준으로 엔고 현상이 지속되었다면 우리 회사는 국내 공장을 폐쇄할 수밖에 없었을 겁니다. 만일 그랬다면 오랫동안 동고동락하며 열심히 일해온 수많은 직원들을 해고하고 정말로 힘든 시기를 보내야 했겠죠. 그런데 연초부터 엔저 현상이라는 호재로 그런 사태만큼은 피할 수 있을 것 같습니다. 정말로 다행입니다. 저는 지금 가슴을 쓸어내리며 매일 뉴스를 지켜보고 있습니다.

두 사람의 표현을 보고 여러분은 어떤 생각이 들었는가? 똑같은 취지의 스피치임에도 불구하고 사장 B의 스피치가 더 마음에 와 닿지 않았는가? 그렇다면 그 이유는 무엇일까?

바로 감정이 담겨 있기 때문이다. 사장 B의 스피치는 '동고동락', '힘들다', '다행이다', '가슴을 쓸어내리다'처럼 자신의 감정이 구체적으로 표현됐다. 반면, 사장 A의 스피치에는 그런 감정이 전혀 담겨 있지 않다. 마지막에 '상당히 좋은 뉴스로 느껴진다'는 표현이 있었는데 입으로는 느껴진다고 했지만 자신의 감정을 구체적으로 드러내지 않았다.

비슷한 예로 '저에게는 스피치를 잘하는 재능이 없다고 느껴진다'는 표현은 어떤가? 이는 자신의 감정을 표현하는 것이 아니라, 자신의 능력을 평가하는 말에 지나지 않는다. '말을 조리 있게 못하는 자신이 실망스럽다'와 같이 구체적인 단어와 표현을 사용해서 자신의 감정을 표현해보자.

나는 지금까지 세미나를 통해서 다양한 유형의 사람들을 만났는데, 그 과정에서 여성보다 남성이, 그리고 관공서나 금융기관에 종사하는 사람이, 엔지니어나 개발부서 같은 이공계 업무에 종사하는 사람이 감정을 솔직하게 표현하는 데에 서툴다는 사실을 알게 되었다. 특히 사실과 논리를 바탕으로 논문이나 보고서를 객관적으로 작성하는 훈련을 받은 사람은, 업무 중에 자신의 감정을 솔직하게 표현하는 것은 나쁜 것이라는 생각에 무의식적으로 자신의 감정을 드러내지 않는 경향을 보인다.

그러나 말을 할 때 설득력 있는 메시지를 전달하려면 논리, 감정, 신뢰 세 가지 요소를 두루 갖추어야 한다. 스피치뿐만 아니라 다양한 대화에서 감정을 솔직하게 표현해보자. 훨씬 더 듣는 이의 마음을 사로잡고, 또 움직이게 할 수 있을 것이다.

· 우리는 말하는 사람의 감정을 받아들여 동일한 감정을 갖는다.

· 마음속의 생각을 생생하게 구체적으로 표현한다.

· 설득력 있는 메시지에는 논리, 감정, 신뢰의 세 가지 요소가 필요
하다.

분명한 비전을 제시하자

비즈니스 현장에서 스피치를 통해 비전을 제시하는 것은 매우
중요하다. 나는 소니에서 일하던 시절부터 비전을 만드는 작업에
종종 참여했다. 사람의 마음을 움직이는 비전은 무엇이고, 그런
비전을 어떻게 만들면 좋을지에 대해 알 기회를 얻었고, 그 기회
를 통해서 많은 것을 깨달았다.

비전이란 우리가 생각하는 소중한 가치관이 반영된 미래의 모
습을 그리는 것이다. 이때 눈을 감으면 생생한 영상이 펼쳐질 정
도로 미래의 모습을 리얼하게 묘사할수록 효과적이다. 생생함이
가장 중요하기 때문에 만일 영상으로 펼쳐지지 않는다면 그것은
비전으로 삼기에 부족한 것이라고 할 수 있다.

디지털 포터블 오디오 분야에서 압도적으로 선두를 달리던 소
니가 애플에게 제압당한 이유는 비전의 생생함이 부족했던 것이

가장 큰 이유 중 하나다.

1990년대 후반부터 2000년대 초반에 걸쳐서 소니가 제시한 비전은 '디지털 기기를 컴퓨터에 연결하고 더 나아가 인터넷에도 연결한다'였다. 이에 반해 애플의 스티브 잡스는 디지털 허브라는 콘셉트를 제창했다. 이는 '개인 컴퓨터는 음악 플레이어에서 비디오 레코더, DVD 플레이어, 디지털 카메라에 이르는 다양한 기기를 연결하는 디지털 허브가 될 것이다. 컴퓨터로 음악, 사진, 동영상, 정보 등 디지털 라이프스타일의 전반을 관리할 수 있다'는 것을 의미했다. 2001년 맥월드에서 발표한 애플의 비전은 곧바로 현실화되어 지금은 아이폰 한 개에 대부분의 디지털 기기가 연결된다. 비전의 힘을 보란 듯이 증명한 좋은 사례다.

고객의 신뢰를 받는 세계적인 혁신 회사가 되자. 여러분은 이런 비전을 듣고 미래의 모습 혹은 어떤 영상이 떠오르는가? 이 비전을 듣고 설레는가? 구체적으로 어떤 회사가 되고자 하는 것인지 이해할 수 있겠는가?

분명 대답은 '아니오'일 것이다. 주변을 둘러보면 추상적인 문장의 슬로건을 내세운 기업이 많은데, 그 안에 생생하게 묘사된 비전이 없으면 아무리 리더가 미래를 위해서 열심히 노력하자고 호소해도 직원들은 열정이 생기지 않는다.

10년 후에 어떤 제품과 서비스를 탄생시키고 싶은지, 이 제품과 서비스를 통해서 어떤 회사를 만들고 싶은지, 미래에 자사제품과 서비스의 영향으로 고객의 삶이 어떻게 나아졌으면 좋겠는지 미래의 모습을 생생하게 묘사할 수 있어야 한다. 그리고 앞에서 예로 들었던 애플의 디지털 허브같은 구체적인 한 단어로 표현할 수 있어야 한다. 이렇게 비전을 제시하면 직원은 물론, 관계사와 고객에게도 그 의미가 잘 전달되고, 마음을 움직이는 감동적인 스피치를 할 수 있다.

비전을 세울 때

비즈니스 현장에서 비전을 세울 때 고민해야 하는 것이 있다. 다음 질문들의 답을 생각해보자. 아무런 제약이 없다면 당신은 자사를 어떤 회사로 만들고 싶은가?, 고객에게 어떤 새로운 가치를 전하고 싶은가?, 이때 고객은 어떻게 기뻐할까?, 직원은 얼마나 행복해하며 일하는가?, 그리고 당신은 그런 모습을 보고 어떤 기분이 드는가?

이런 식으로 미래를 생생하게 그려보자. '자금이 없다', '믿을 만한 부하직원이 없다', '지명도가 낮다' 등 자유로운 발상을 옭아매는 여러 제약을 배제하고 설레는 미래를 그려보길 바란다. 반드시 ◇◇한 미래를 만들고 싶다'는 생각이 들었다면 이제 그것을 말로 표현해보자. 그 표현이 곧 비전이 되어 듣는 이들에게 영감을 주고, 의기투합할 의지를 심어줄 것이다. 이것이 스피치에 비전을 담는 이유다.

· 눈을 감으면 생생한 영상이 떠오를 정도로 구체적으로 비전을
  표현한다.

· 기대하는 미래의 모습을 생생하게 표현한다.

· '이런 미래를 만들고 싶다'는 비전이 담긴 스피치가 마음을 움직인다.

06

나를 있는 그대로 보여주는 법

남이 아닌 자신의 일처럼 이야기하자

내가 고문을 맡고 있는, 가가와현의 재활 신발을 생산하는 업체는 매년 여름에 경영 방침 발표회를 개최한다. 이때 모든 직원들이 과거 1년 동안의 성과를 돌아보며 다음 해를 맞이하는 포부를 3분 동안 발표한다. 또한 거래 은행의 여러 지점장을 초대해 발표회 마지막 순서로 그들의 축사를 듣는다.

며칠 전에 이 발표회에 참석했는데, 매년 직원들의 발표는 물론, 각 은행 지점장들의 스피치가 기대되곤 한다. 왜냐하면 한자리에 모인 각 지역의 주요 은행 지점장들의 스피치를 비교해볼 수 있고, 그들의 스피치를 통해서 거래처에 대한 배려를 확인하고, 그 은행이 가진 힘을 들여다볼 수 있기 때문이다.

다음 두 명의 지점장이 보여준 스피치를 살펴보자. 우선 사장 A는 차근차근 역사 이야기를 꺼냈다. 형식적인 인사말을 건넨 후에 신발업체 사장의 책상 위에 놓인, 사이고 다카모리의 좌우명인 경천애인敬天愛人(하늘을 공경하고 사람을 사랑한다)을 말하며 사쓰마번과 다른 번에 관한 역사 이야기를 했다. 그러고나서 직원들에게 감동했다, 앞으로도 열심히 하길 바란다는 말로 마무리했다. 나는 이 스피치를 들으면서 도대체 무슨 말이 하고 싶은 거지?, 나름대로 준비는 한 것 같은데 전혀 마음에 와 닿지 않는다는 생각이 들었다.

반면에 사장 B는 즉흥적으로 스피치를 시작했다. '축사를 하게 될 줄 몰랐다. 미처 사전에 준비하지 못했다. 죄송하다'라는 말로 시작된 스피치는 횡설수설한 탓에 듣기 거북했다. 하지만 후반부로 들어서면서 그는 진지한 태도로 직원 여러분에게 부탁이 있다며 다음과 같이 이야기했다.

제 형은 어렸을 때 자전거를 뒤로 타다가 사고가 났습니다. 자동차 바퀴 밑으로 발이 빨려 들어가 장애가 생기고 말았죠. 그래서 사고 후에는 신발을 사기가 너무 어렵습니다. 그런데 여러분 회사에서 만드는 신발을 알게 되었고 저는 형에게 한 켤레 사주고 싶었습니다. 일본에는 불편한 발 때문에 좋은 신발을 고르는 데 애를 먹는 사람들이 많습니다. 그런 사람들에게 여러분들이 만든 신발이 꼭 알려졌으면 좋겠습니다. 저 역시 은행원으로서 조금이나마 힘을 보탤 수 있다면 그보다 더한 기쁨은 없을 것입니다.

마음에 와 닿는 이야기를 듣고 나니 전반부의 횡설수설했던 스피치는 기억이 잘 나지 않았다.

자, 이 두 사람이 보여준 스피치에서 발견할 수 있는 가장 큰 차이점은 무엇일까? 바로 남의 일이냐, 자신의 일이냐 하는 것이다. 사장 A는 신발업체와 자신의 관계에 대해서 전혀 언급하지 않았다. 지적인 측면이 있었지만 신발업체와 아무런 관련이 없는 이야기를 늘어놓았다. 내용 또한 어떤 누구라도 할 수 있는 그런 뻔한 이야기였다.

이에 반해 사장 B는 친형이 직접 겪은 일을 이야기하며 신발업체의 제품이 왜 필요한지, 그리고 은행 지점장으로서 그 제품을 응원하고 싶다는 자신의 의지를 밝혔다. 누구도 대신할 수 없는 그 사람만 할 수 있는 이야기였다.

먼저 마음의 문을 열자

자신의 이야기를 잘 들려주기 위해서는 말하는 이가 먼저 듣는 이에게 마음의 문을 여는 용기가 필요하다. 말하는 이가 마음의 문을 활짝 연 것이 느껴지면 듣는 사람도 마음의 문을 연다.

앞으로 스피치를 할 때 남의 일이 아니라, 나의 이야기를 하려고 노력해보자. 일반적인 이야기만 늘어놓지 말고 나와 상대방 사이의 긴밀한 관계, 함께한 경험을 이야기해보자. 그러면 마음의 거리를 좁히고, 신뢰감을 줄 수 있다.

· 자신의 일인가, 남의 일인가?

· 나만 할 수 있는 이야기는 듣는 이의 마음에 더욱 와 닿는다.

· 서로의 마음이 열릴 때 신뢰 관계가 형성된다.

그럴싸한 이야기를 해야 하는데……

스피치를 하게 되었을 때 많은 사람들이 어떤 이야기를 하면 좋을지, 스피치를 하기 직전까지 고민한다. '그럴싸한 이야기를 해야 하는데……' 하는 강박관념에 쫓기는 기분은 잘 안다. 나 역시 항상 그러니까. 이때 학자나 평론가의 말을 인용해서 고상한 이야기를 하고 싶은 유혹에 빠지기도 한다. 자신의 경험담에 아무도 관심을 가져주지 않을 거라는 생각 때문이다.

〈하버드 비즈니스 리뷰〉 온라인에 리더의 스피치에 관한 기사를 4회 연재한 적이 있다. 이 잡지는 쟁쟁한 사람들이 쓴 글을 싣는 일류 경영지였기 때문에 원고 청탁을 받았을 때 매우 긴장됐다. '이상한 내용을 쓰면 바보 취급당할 거야', '뭔가 세련된 것을 써야 하는데', '안 그러면 창피할 거야' 하는 생각에 나는 전문 서적과 논문을 닥치는 대로 읽으며 리더의 스피치는 이래야 한다는

무언가 그럴싸한
이야기를 해야 하는데……

⬇

뻔하고 흥미롭지 않은
이야기를 하게 된다.

나만 할 수 있는 이야기에는
뭐가 있을까?

⬇

마음을 움직이는
진솔한 이야기를 하게 된다.

내용으로 원고를 썼다. 그런데 마감이 얼마 남지 않은 시점까지
만족할 만한 원고가 나오지 않았다. 일단 글자 수를 채우기는 했
지만 독자의 입장에서 읽어보면 딱딱하게 느껴지고 무엇보다 흥
미롭지 않았다.

　나는 작업 막바지에 접어들어 '독자에게 진심으로 전달하고 싶
은 게 뭐지?', '나밖에 쓸 수 없는 것은 무엇일까?' 자문했다. 그

때, 머릿속에 '용기내서 내 생각을 적자'는 말이 떠올랐다. 소니에서 스피치 라이터로 일하면서 겪었던 경험과 컨설턴트로 일하면서 쌓은 경험을 통해서 배운 것, 느낀 것, 깨달은 것을 꾸밈없이 솔직담백하게 썼다. 그 결과 내 기사는 다이아몬드 온라인 전체 톱기사 중 하나로 선정되었고, 수많은 기사들 속에서 소셜 랭킹 2위를 차지했다.

이를 통해서 나는 일반적인 그럴싸한 이야기가 아니라 내 경험을 이야기하는 것이 무엇보다 중요하다는 사실을 깨달았다. 젊은 시절에 보좌했던 소니의 창업자 모리타 아키오 회장(당시)이 사업가는 학자가 아니기 때문에 자신의 경험담을 이야기하는 것이 중요하다고 했던 것이 기억났다.

여러분도 다른 사람은 흉내 낼 수 없는 특별한 경험이 있을 것이다. 어떤 분야에서든 오직 하나뿐인 나만의 이야기를 해보자. 이것이 바로 마음을 얻는 스피치의 비결이다.

● Point

· '그럴싸한 이야기를 해야 하는데……' 하면 실패한다.

· 배운 점, 느낀 점, 깨달은 점을 꾸밈없이 이야기한다.

· 일반적인 이야기가 아닌 내 경험을 이야기한다.

실패한 경험을 이야기하자

　용기 내어 실패를 말하라. 이 말을 듣고 어떤 생각이 드는가? 주변을 둘러보면 자신의 성공 스토리를 무용담처럼 이야기하는 사람들은 많지만 자기 입으로 실패 경험을 이야기하는 사람은 별로 없다.

　그런데 전 세계적으로 인정받는 리더는 당당히 자신의 실패 경험을 이야기한다. 앞서 소개했듯이 미국 애플사의 창업자인 스티브 잡스는 2005년에 스탠퍼드대학교 졸업식에서 스피치를 했는데, 그가 들려준 세 가지 이야기 중 두 가지는 그의 실패 경험이었다. 하나는 가난했던 부모가 겨우 학비를 마련해줘서 다닐 수 있게 된 리드대학교를 반년 만에 자퇴한 이야기였고, 다른 하나는 본인이 창업한 애플사에서 해고당한 이야기였다. 이 두 이야기는 스티브 잡스에게 다시는 떠올리고 싶지 않은 큰 실패였을 것이다.

　자신의 실패 경험을 공식적인 자리에서 당당하게 말한 사람은 스티브 잡스만 있는 것이 아니다. 미국의 일류 대학교 졸업식에 초청된 유명 인사들 대부분이 자신의 실패 경험을 언급한다. 그렇다면 이들은 왜 자신의 실패 경험을 사람들 앞에서 이야기하는 것일까?

　수많은 창업가를 배출하는 미국 실리콘 밸리의 스탠퍼드대학에서는 컴포트 존comfort zone에서 벗어나는 것의 중요성을 특히 강조한다. 사람은 누구나 원래 자신이 갖고 있는 능력과 경험을 바탕으로 실수하지 않기를 바란다. 그런데 계속 그런 상태에 머무른다면 그 이상의 성장은 기대할 수 없다. 편안함을 느끼는 컴포트 존에서 벗어나 미지의 분야에 도전해야 한다. 그래야 비로소 세상에 없는 새로운 것을 창조해낼 수 있다.

하지만 처음 도전할 때는 실패가 따르기 마련이다. 창업가와 기업가를 키우는 미국의 투자자들은 이 점을 솔직하게 인정한다. 오히려 실패한 적이 없는 사람이야말로 컴포트 존에서 벗어나 미지의 분야에 도전하지 못하는 겁쟁이라고 여긴다.

리플렉션의 힘

혁신을 일으키는 사람은 미지의 분야에 도전하는 용기와 실행력은 물론, 실패를 통해서 교훈을 얻는 자세를 갖고 있다. 그리고 똑같은 실수를 반복하지 않는다. 그러려면 리플렉션reflection을 아는 것이 중요하다.

리플렉션이란 성공했을 때는 일이 잘 된 이유를 분석하고, 실패했을 때는 실패한 이유와 향후 그런 사태를 막으려면 어떻게 하면 좋을지 재검토하는 것이다. 실패의 원인을 밖에서 찾는 것이 아니라 자신이 어떻게 하면 좋을지, 자신이 무엇을 할 수 있는지를 되돌아보는 것이다. 이렇게 하면 실패가 실패로 끝나지 않고 성공을 위한 둘도 없이 소중한 경험으로 변한다.

실패 경험은 다르게 말해서 그 실패를 인정하고, 그 실패에서 무언가를 배우고 극복해서 결국 성공으로 이끈 일련의 성공 스토리이기도 하다. 그렇기 때문에 사람들은 저명한 리더의 실패담에서 교훈과 용기를 얻을 수 있는 것이다.

특히 새로운 일에 과감히 도전하고 싶다면, 또 비지니스 현장에서 새로운 제품과 서비스를 만들어내고 싶다면 반드시 자신의 실패와 그것을 극복한 경험, 실패에서 배운 것을 용기 내서 말해보자. 분명히 직원들에게 도전할 용기를 심어주는 스피치를 할 수 있을 것이다.

미국의 대학교는 졸업식에 사회적인 성공을 거둔 저명한 리더를 초청해 축사를 부탁한다. 이때 초청받은 리더들은 종종 자신의 실패담을 이야기하곤 한다. 2005년에 스티브 잡스가 스탠퍼드 대학교 졸업식에서 했던 전설의 연설을 비롯해, 2008년 하버드대학교에서 있었던 조앤 K. 롤링의 스피치, 2013년 오프라 윈프리의 스피치가 그 대표적인 사례다.

이들은 모두 존경받는 저명한 사회적 리더다. 이들은 스피치에서 자신이 직접 겪은 실패 경험을 이야기했고, 그 이야기를 통해 사회로 막 첫발을 내딛는 학생들에게 '실패를 두려워 마라. 용기를 내어 도전하라. 만일 실패하더라도 실패에서 교훈을 얻고 다음 도전에 활용하라. 그것이 성공의 비결이다'라는 메시지를 전달했다. 리더가 들려주는 실패 경험은 듣는 이에게 도전할 용기를 심어준다. 뛰어난 리더는 성공은 물론, 실패를 통해서도 배움을 얻고 수많은 사람들에게 긍정적인 영향을 미친다.

나의 저서 《왜 뛰어난 리더는 '실패'를 말하는가?》는 제목 그
대로 실패 경험을 이야기하는 이유에 대해서 더욱 자세히 다루고
있다. 관심이 있는 사람은 꼭 한 번 읽어보길 바란다.

● Point

· 저명한 리더들은 스피치에서 자신의 실패 경험을 이야기한다.

· 실패는 새로운 것에 도전했다는 '용기의 증거'다.

· 실패한 경험은 듣는 이에게 도전할 용기를 준다.

자기 드러내기 스피치

자신을 잘 드러내는 스피치는 비즈니스 현장에서 매우 강력한
무기가 된다. 자신의 결심에 대한 포부를 담아 작은 책자로 만들
거나, 그 내용을 회사 홈페이지에 게재하는 것은 거의 비용이 들
지 않아서 거액의 광고비를 지출하기 어려운 중소기업이 손쉽게
할 수 있는 PR 방법으로 사용된다. 자신의 포부를 드러내는 스피
치로 비즈니스 시장을 개척하는 데 성공한 회사의 사례를 살펴
보자.

가가와현 사누키시에 위치한 작은 규모의 가와키타 봉제라는

회사가 있다. 이 회사는 '낡고 닳아도 버리지 않고 계속 입고 싶은 옷을 만들자'라는 모토로, 국내 생산만을 고수하며 열심히 옷을 생산하고 있다. 특히 지금까지 신축성 없는 소재로 제작되었던 재킷이나 팬츠에 니트 소재를 사용하여 주름에 강할 뿐만 아니라 착용감이 편한 옷을 만드는 데에 성공했다. 이 회사가 론칭한 브랜드 CURLY는 지금은 크게 성장했지만, 현재에 이르기까지의 과정이 결코 순탄치만은 않았다. 그 당시 가와키타의 시게노 부사장은 회사 홈페이지에 '의지'를 제목으로 하는 다음과 같은 글을 게재했다.

일본의 봉제업은 1990년대 중반부터 중국 제품과의 경쟁에서 밀리기 시작했다. 인건비가 10분의 1인 중국산 제품에 맞서 초반에는 품질로 승부를 걸었으나 바이어에게 좋은 평가를 받지 못했고, 결국 수많은 봉제업자들이 타협의 길을 걷기 시작했다.

'눈에 잘 안 띄는 곳은 대충하자. 조금 더 저렴한 부자재를 쓰자'며 옷감의 박음질수를 줄였고 새 부분도 일반 실로 봉제했다. 또한 옷감의 재질이 달라도 똑같은 심지를 사용했다. 인건비와 재료비를 줄이기 위해 봉제의 질을 떨어뜨릴 수밖에 없었던 것이다.

그때 당시 우리는 품질이 조금 떨어져도 중국 제품보다는 나을 거라고 생각했다. 그런데 바이어에게 '일본 제품이라서 중국 제품보다 나을 줄 알았는데 별반 차이가 없군요'라는 평가를 받았다. 발주량은 단숨에 곤두박질쳤고 60명이었던 공장 직원을 5명으로 줄일 수밖에 없었다.

나는 그해에 아버지로부터 사장직을 물려받고 회사를 어떻게 해서든 유지해보려고 필사적으로 주문을 받았다. 그러나 동업자들과의 가격 경쟁으로 사태는 점점 더 악화되었다. 품질 면에서 중국 제품과 큰 차이가 나지 않는 제품을 싼값에 하청 받았을 때 공장은 바빴지만 우리는 전혀 성취감을 느낄 수 없었다. 게다가 아무리 일을 해도 수익이 나지 않았다. 허무한 시간만 흐를 뿐이었다.

그런 상황 속에서 가와키타 사장은 한 명의 디자이너와 운명적인 만남을 갖게 되었다. 그는 제품 생산에 심혈을 기울이는 자신과 디자이너가 힘을 합치면 큰 변화를 일으킬 수 있을 것이라고 생각했다. 세세한 부분까지 신경을 써서 제작했고, 그 결과 어떤 옷보다도 편안한 착용감을 자랑하는 제품을 선보이게 되었다. 일본 제품의 명성을 되찾겠다는 각오를 다지며 다음과 같이 결심했다.

우리는 이를 악물고 열심히 노력하는 국내 생산자들에게 '우리 회사가 공장 브랜드 론칭에 성공해서 지방의 중소기업도 노력하면 된다'는 것을 보여주고 싶었다. 세련되면서도 편안한 착용감으로 본래 자신의 모습을 표현할 수 있는 옷, 찢어지고 닳아도 버리지 않고 계속해서 입고 싶은 옷을 고객에게 선보이기 위해서 우리는 앞으로도 열심히 정성을 다해서 재봉틀을 돌릴 것이다.

가와키타 봉제는 이런 메시지를 소책자 등의 다양한 형태로 제작해 사람들에게 전했다. 그랬더니 한 백화점의 담당자가 그 내용에 감동을 받고 일본을 대표하는 봉제 브랜드로 가와키타 제품을 자신의 백화점에서 대대적으로 소개했다. 그 후 가와키타 봉제는 해외에서도 주목받는 브랜드로 성장했다.

이 사례에 힌트를 얻어서 자신만의 포부를 담은 '자기 드러내기' 스피치를 연습해보자.

● Point

- 스피치로 새로운 비즈니스 시장을 개척할 수도 있다.
- 비즈니스 현장에서 '자기 드러내기' 스피치를 활용하자.
- 자신의 포부를 드러내는 스피치는 사람의 마음을 움직인다.

여전히 스피치가 자신 없는 당신에게

스피치를 앞두고 무슨 이야기를 어떻게 하면 좋을지 모르겠다며 고민하다가 시간에 쫓겨 이런저런 자료를 찾아보거나 인터넷에서 유명인의 스피치를 검색해보았지만, 결국에는 참고할 만한 것을 얻지 못한 채 시간만 허비한 경험이 있을 것이다. 스피치에 자신이 없는 이유는 다양하겠지만 대부분의 경우 머릿속에 '내 이야기는 보잘것없다', '내 이야기는 가치가 없다'는 착각이 자리 잡고 있기 때문이다.

그러나 꼭 기억하자. 여러분의 실제 경험담은 다른 그 누구도 들려줄 수 없는 소중한 보물이다. 여러분이 경험을 통해 얻은 깨달음과 교훈은 수많은 사람들에게 배움과 용기를 줄 수 있다. 그러니 용기를 내어 자신의 눈으로 보고, 귀로 듣고, 마음으로 느낀 생생한 경험을 이야기해보자. 자신의 이야기를 들려줄 때는 다음의 네 가지 단계를 따른다.

1단계 : 상대방에게 전하고 싶은 것을 확인한다

일단 스피치를 들을 상대방을 구체적으로 그려본다. 어떤 사람인지, 지금 어떤 상황에 처해 있는지, 어떤 생각을 하는지 말이다. 무엇이 고민이고 무엇 때문에 힘겨운지 파악하자. 당신은 그런 사람에게 어떤 말을 해주고 싶은가?

예를 들어, 나는 현재 스피치에 자신이 없는 사람을 대상으로 이 글을 쓰고 있다. 나는 '용기를 내어 자신의 포부를 말해보자. 여러분의 경험과 배움은 다른 그 누구도 흉내 낼 수 없는, 세상에 단 하나 뿐인 것이다. 그 이야기로 최고의 스피치를 만들 수 있다'고 전하고 싶다.

2단계 : 그런 내용을 전달하고 싶은 이유에 대해 생각해본다

두 번째 단계로 그런 내용을 상대방에게 전달하고 싶은 이유에 대해 생각해본다. 나는 연설문이나 책, 잡지 원고를 쓸 때마다 자신이 없었고 그런 어려움을 극복했던 경험이 있기 때문에 나와 비슷한 일로 고민하는 사람들에게 도움이 되는 방법을 알려주고 싶다는 생각을 했다.

3단계 : 그런 내용과 관련된 경험을 떠올린다

그런 내용을 말하고 싶고, 잘 전하고 싶다고 생각하게 된 배경에는 반드시 그런 생각에 이르게 한 과거의 경험이 있을 것이다. 오래전 일일지도 모르지만 최대한 구체적으로 떠올려보자.

나의 경우, 앞에서 서술한 바와 같이 잘 알려진 경영 잡지의 원고 집필을 의뢰받았을 때 그럴싸한 것을 쓰려고 이런저런 논문을 닥치는 대로 읽었고 원고를 완성했다. 그러나 그 내용이 전혀 마음에 와 닿지 않았다.

그래서 마감 직전에 과감히 내 경험을 바탕으로 원고를 써야겠다고 생각했고 내용을 대폭 수정했다. 그 결과 내 원고는 다른 이들에게 좋은 평가를 받았다. 여러분도 자신이 경험한 것을 자세하게, 그리고 생생하게 떠올려 보길 바란다.

4단계 : 경험에서 배운 점을 명확히 한다

마지막으로 그 경험을 통해서 무엇을 배웠는지를 정리하자. 그러고나서 상대방에게 무엇을 전하고 싶은지 명확하게 하자.

나는 용기를 내어 자신의 경험과 포부를 이야기함으로써 자신만의 독자적인 메시지를 전할 수 있다는 것을 배웠다.

경험의 포인트는 나에게 닥친 역경과 고난을 어떻게 극복했는지, 그리고 그런 경험을 통해서 무엇을 배웠고 무엇을 깨달았는지를 솔직하게 말하는 것이다. 결과를 자랑하는 것이 아니라, 그런 결과에 이르게 된 과정에서 배운 점을 이야기하는 것이다. 이런 이야기에는 수많은 사람들이 배울 수 있는 소중한 교훈이 담겨 있다. 보물은 밖이 아니라 자신의 내면에 있다는 것을 깨닫기 바란다.

● Point

- '내 이야기는 가치가 없다'는 생각은 자신만의 착각이다.
- 전하고 싶은 것, 전하고 싶은 이유, 경험, 배움으로 구성한다.
- 역경과 고난을 극복한 이야기로 교훈을 줄 수 있다.

도쿄 올림픽 유치에 성공한 스피치

앞으로 2020년 도쿄 올림픽까지 얼마 남지 않았다. 스포츠 관련 이벤트에서 도쿄 올림픽에 관한 이야기가 빠지지 않는 이유일 것이다. 올림픽 개최지로 선정되기 위한 도쿄 올림픽 유치 프레젠테이션을 기억하는가?

일본 시간으로 2013년 9월 7일 저녁, 2020년 하계 올림픽 개최 도시 선정을 위한 프레젠테이션이 아르헨티나 부에노스아이레스에서 열렸다. 프레젠테이션 발표자 여덟 명은 비디오 영상을 사이에 두고 이야기하면서 국제올림픽위원회IOC 위원들에게 도쿄의 매력을 호소했다. 나는 인터넷을 통해서 생중계로 프레젠테이션을 시청했는데 매우 감동적이었다.

올림픽 유치 프레젠테이션의 목적은 국제올림픽위원회 위원들의 표심을 얻는 것이었다. 따라서 올림픽이 도쿄에서 개최되는 것이 얼마나 매력적인지를 알기 쉽게 설명해야 했다. 실제 프레젠테이션에서 아베 신조 총리를 비롯한 이노세 나오키, 도쿄도 지사(당시), 타키가와 크리스텔 등 발표자들은 저마다 강한 인상을 남기는 멋진 이야기를 들려주었다.

그런데 더욱 놀라운 사실은 발표자 여덟 명이 했던 아홉 개의 파트로 구성된 프레젠테이션이 '도쿄의 글로벌 비전을 통해 스포츠 정신을 세계에 알리겠다'라는 메시지를 전달하기 위해서 세밀하게 짜인 하나의 스토리였다는 점이다.

일단 스토리의 오프닝에 해당하는 부분에서 다카마도노미야 히사코가 국제올림픽위원회의 재난 지원에 대한 감사의 인사를 전했다. 그 후에 패럴림픽의 다니 마미 대표선수가 나와 스포츠는 인간에게 매우 큰 용기를 심어준다는 이야기를 들려주었다. 운동선수였던 그녀는 19세에 골육종이라는 청천벽력 같은 진단을 받고 한쪽 다리를 무릎 밑으로 절단할 수밖에 없었다. 그런 힘겨운 나날 속에서 자신을 구해준 것이 바로 올림픽이었다고 말했다. 또한 동일본 대지진으로 가족이 피해를 입은 가운데 스포츠로 수많은 피해자들을 격려하고 용기를 북돋아줄 수 있었던 자신의 경험담을 이야기했다. 이 두 사람의 이야기는 청중의 관심을 끄는 데에 적중했고 감동을 선사했다.

스피치의 바디 부분에서는 다케다 쓰네카즈 올림픽유치위원회 이사장이 올림픽 성공의 조건과 도쿄의 세 가지 강점에 대해서 발표했다. 그리고 미즈노 마사토 올림픽유치위원회 부이사장과 이노세 나오키 지사가 첫 번째 강점인 실행하는 힘delivery에 대해 이야기했다. 풍부한 자본력과 도쿄의 안정성, 편리한 교통, 다양한 시설을 강조했다. 그다음으로 타키가와 크리스텔

이 두 번째 강점인 기념하는 힘celebration에 관해서 일본의 특별한 손님 대접법인 오모테나시お持て成し(손님을 극진히 대접하는 마음가짐) 문화를 언급하며 프레젠테이션을 이끌어나갔다. 또한 펜싱선수 오타 유키가 운동선수를 열렬히 응원하는 일본 팬들에 관한 이야기를 한 후에 세 번째 강점인 새로운 가치를 창조하는 힘innovation, 즉 최첨단 기술을 이용해 각 경기의 매력을 이끌어내고, 다양한 프로모션을 진행해나갈 것이라고 설명했다. 바디 부분에 해당하는 다섯 명의 이야기가 도쿄의 매력을 알기 쉽게 전달했다.

스피치의 클로징에서는 아베 신조 총리가 일본은 올림픽을 글로벌 비전으로 추진할 것이라고 말했다. 그러고나서 전 세계에 스포츠 정신을 알리는 '스포츠 포 투모로'라는 슬로건으로 청중의 마음을 움직였다. 마지막에는 다시 다케다 쓰네카즈 이사장이 등장해 올림픽 개최 도시로 도쿄를 선출해 줄 것을 당부했다. 이 두 사람의 이야기는 일본이 가장 전하고 싶었던 메시지를 국제올림픽위원회 위원들의 마음에 강력하게 각인시켰다.

나는 올림픽 유치 프레젠테이션이 성공을 거둔 비결로 잘 짜인 스토리를 들고 싶다. 그리고 청중의 감정을 자극하고 호소하는 요소가 곳곳에 숨어 있었다는 점을 말하고 싶다.

국제올림픽위원회 위원들의 마음을 움직인 스토리

도쿄 올림픽 유치 스피치에서 청중의 마음을 움직인 것은 '스토리'였다. 스피치는 두 개의 스토리로 구성되었다.

하나는 패럴림픽의 다니 마미 선수의 스토리였다. 다니 선수는 19세에 인생의 큰 변화를 맞이했다. 육상, 수영, 치어리더 등 만능 스포츠 선수였던 그녀는 어느 날 갑자기 골육종이 발병해 불과 2주 만에 오른쪽 다리를 무릎 아래로 절단해야만 했다. 한때 절망의 늪에 빠져 무척 괴로운 나날을 보내야 했지만 그런 역경을 극복하고 패럴림픽 대표선수가 되었다.

그러나 그녀의 고난은 여기서 그치지 않았다. 아테네, 베이징 패럴림픽에 출전하며 이듬해에 열릴 런던 대회를 준비하던 도중 동일본 대지진으로 후쿠시마현에 살고 있던 가족이 큰 피해를 입은 것이다. 그녀는 6일 동안이나 가족과 연락이 닿지 않았다. 그럼에도 불구하고 그녀는 스포츠의 힘으로 지진 피해자들이 자신감을 되찾길 바라며 다양한 활동에 참여했다.

전 세계에서 200명이 넘는 운동선수들이 모여 1000여 회나 피해 지역을 찾았고 5만 명 이상의 어린이들을 격려하고 일깨웠다. 다니 선수는 올림픽 정신에 따른 스포츠가 사람들에게 얼마나 큰 꿈과 희망을 주는지, 그 가치를 전 세계에 알리고 싶다고 호소했다.

다른 하나는 일본의 글로벌 비전에 관한 스토리로, 비디오 영상으로 다루어졌다. 영상 속 스토리는 전반부와 후반부로 구성되어 상영되었다.

전반부는 일본 도호쿠 지역의 해안을 연상시키는 바다가 훤히 보이는 광장에서 한 소년이 농구 슛 연습을 하는 장면으로 시작한다. 소년이 슛 연습을 하는데 그만 공이 링에 걸리고 만다. 그때 그 옆을 올림픽 대표 농구 선수들을 태운 버스가 지나간다. 선수 한 명이 버스에서 내려와 링에 걸린 공을 소년에게 꺼내주면서 드리블 방법을 가르쳐준다. 그러자 다른 선수들도 버스에서 내려와 소년과 함께 농구를 즐긴다. 이때부터 소년의 눈이 빛나기 시작한다. 이 스토리 영상은 소년이 언젠가 자신도 올림픽 대표선수가 되겠다는 꿈을 꾸는 순간을 묘사한 것이다.

후반부는 그로부터 10년의 세월이 흐른 후에 외국의 바다가 보이는 한 광장에서 현지인 소년이 농구 슛 연습을 하는 모습이 펼쳐진다. 전반부 영상과 동일하게 소년이 던진 농구공은 링에 걸리고 만다. 그때 그 옆을 올림픽 농구 선수들을 태운 버스가 지나간다. 선수 한 명이 버스에서 내려와 소년에게 공을 건네주면서 농구를 가르쳐준다. 전반부와 동일한 전개지만 한 가지 다른 점이 있다. 바로 버스에서 내린 선수가 과거에 이와 똑같은 경험을 했던 일본인 소년이라는 점이다.

비디오 영상은 도쿄 올림픽을 계기로 성장한 일본 선수들이 올림픽이 끝난 후에 전 세계로 뻗어나가 수많은 사람들에게 꿈과 희망을 전한다는 메시지를 담고 있었다. 전반부와 후반부의 두 스토리는 다니 선수의 스토리와 연결되어 '일본은 이와 같은 글로벌 비전으로 올림픽에 임할 것이다'라는 포부를 제시했다.

이와 같이 스토리를 통해서 메시지를 전달하는 스토리텔링 법을 도쿄 올림픽 유치 프레젠테이션에 활용했다. 스토리텔링은 청중이 연사나 주인공에게 감정이입을 하면서 귀담아 듣게 만드는 효과가 있다. 이 스토리가 국제올림픽위원회 위원들의 마음을 사로잡았고, 도쿄 올림픽 유치를 성공으로 이끌었다.

3부

에토스 법칙

세 번째 요소는 에토스로 신뢰를 의미한다.

말하는 이를 얼마나 신뢰할 수 있는지 따져보는 것이다.

듣는 이는 말하는 이의 인격을 보고 그것을 판단한다.

07

상대방에게 공감을 얻는 법

현장의 요구와 청중의 기대에 부응하자

상대방에게 공감하기 위한 가장 첫 번째 단계는 상대방을 아는 것이다. 나의 말을 효과적으로 전달하려면 상대의 마음을 사로잡는 메시지를 담아야 한다. 그러려면 다음의 두 가지를 충분히 이해해야 한다.

그 첫 번째는 현장의 요구다. 스피치에는 주최자가 존재한다. 주최자는 스피치를 기획할 때에 반드시 어떤 기대를 염두에 두고 발표자를 선택한다. 좋은 스피치를 하려면 주최자가 발표자에게 무엇을 기대하고 스피치의 현장이 발표자에게 무엇을 요구하는지 파악해야 한다.

두 번째는 청중의 기대, 즉 듣는 이가 놓인 입장과 그 심정을 알아야 한다. 상품과 서비스를 기획할 때 고객의 잠재 욕구를 분석하는 것과 마찬가지로 스피치 역시 그래야 한다. 경영인이 직원들을 대상으로 스피치를 할 때는 본인이 현장 주최자인 경우가 많아서 현장의 요구가 무엇인지를 일일이 확인할 필요는 없다. 또한 직원들이 어떤 상황에 놓여 있고 무엇을 기대하는지에 대해서도 굳이 말할 필요가 없는 경우도 많다.

하지만 그 외의 스피치는 다르다. 특히 어느 정도 지위가 있는 사람은 상공회의소나 동종업계의 단체 모임, 거래처 기념식, 경영포럼 등에 초대되어 스피치를 할 기회가 많을 것이다. 이런 자리에는 자신과 같은 입장의 경영인을 비롯해 정부 관계자, 언론인 등 사회적으로 영향력 있는 사람들이 다수 참여한다. 따라서 이런 자리에서 하는 스피치의 완성도는 경영인 자신에 대한 평가에 큰 영향을 미친다.

현장의 요구와 청중의 기대를 충분히 이해하지 못한 채 스피치 원고를 작성하면 그 자리에 적합하지 않은 스피치를 할 수 있으니 주의하자.

상대방이 기대하는 이야기를 해주자

혹시 부하직원에게 '거래처 A사가 창립 50주년을 맞이해서 기념식을 연다고 합니다. 그때 인사말을 해달라는 부탁을 받았습니다'라는 보고와 함께 건네받은 거래처 안내 책자를 대충 훑는 정도로 스피치 준비를 끝낸 적은 없는가? 이런 경우에는 일단 부하

청중의 기대　　　　　　주최자의 기대

직원에게 다음과 같은 사항을 확실하게 조사하도록 지시하거나
본인 스스로 알아보아야 한다.

현장의 요구

스피치가 진행될 곳은 어떤 취지의 모임인가?

주최자는 누구인가? 이 기회를 통해서 무엇을 달성하려고 하
는가?

주최자는 나에게 무엇을 기대하고 있는가?

주최자와 나 사이의 접점은 무엇인가? 어떤 점을 배려해야 하
는가?

청중의 기대

청중은 누구인가? 몇 명인가? 어떤 특징이 있는가?

청중은 어떤 고민을 안고 있는가? 공통 관심사는 무엇인가?

청중은 내가 어떻게 하길 바라는가?

청중은 어떤 이야기를 듣고 싶어 하는가?

나의 이야기를 듣는 상대방을 철저하게 분석하고 숙지하는 것, 이것이 공감을 얻는 스피치의 첫 번째 조건이다.

● Point

- · 주최자의 기대는 무엇이고, 청중의 기대는 무엇인가?
- · 스피치 현장에 대한 충분한 사전조사가 필요하다.
- · 청중에 대해 철저히 분석한다.

상대방을 일깨우자

"아, 그런 거였구나. 이제까지 생각지도 못했던 관점이다." 마치 뒤통수를 한 대 얻어맞은 것처럼 갑자기 사물을 보는 관점이 크게 변하는 것. 이런 상태를 바로 일깨움inspire이라고 한다. 인정받는 이들은 모두 단숨에 사람을 변화시키는 힘을 갖고 있다. 스피치를 통해서도 누군가를 일깨우고, 변화시킬 수 있다.

이솝 우화에 이런 이야기가 있다.

옛날에 어느 나라에 세 명의 벽돌공이 있었다. 모두 바쁘게 일하고 있었는데 그곳을 지나던 여행객이 첫 번째 벽돌공에게 물었다.

"지금 뭘 하시는 겁니까?"

그러자 이런 대답이 돌아왔다.

"나는 지붕 벽돌을 쌓고 있소."

두 번째 벽돌공에게 같은 질문을 하자, 이런 대답이 돌아왔다.

"나는 벽을 만들고 있소."

초롱초롱한 눈빛으로 열심히 일을 하는 세 번째 벽돌공에게 같은 질문을 하자, 이런 대답이 돌아왔다.

"나는 대성당을 짓고 있소."

어쩌면 벽돌공에게 벽돌을 쌓아올리는 일은 그저 따분한 작업일지 모른다. 하지만 그 일은 대성당을 짓는 데에 없어서는 안 될 매우 중요한 작업의 일부라는 것, 그리고 성당이 완성되고 나면 고난을 겪는 수많은 사람들에게 꿈과 희망을 심어줄 수 있다는 사실을 깨달을 때 벽돌공이 그 작업을 바라보는 시선은 크게 달라지고 작업에 임하는 자세도 달라질 것이다. 이렇듯 '일깨움'을 얻었을 때 사람은 변한다.

이와 마찬가지로 스피치에서 듣는 이를 일깨우는 방법은 보다 큰 전체적인 모습(목적)을 확인시키는 것이다. 그것이 어떤 이에게 도움이 되고 어떤 의미를 가져다주는지 깨닫게 하는 것이다. 구체적인 사례를 하나 살펴보자.

가가와현 사누키시에 위치한 재활 신발 제조업체인 도쿠타케 산업에는 소고 다카오 회장이 있다. 내가 존경하는 리더 중 한 명이다. 발목이 약해져서 걷기가 힘든 노인이나 장애가 생겨서 몸이 불편한 사람들을 위해 정성을 다해 밤낮없이 열심히 신발을 제작하고 있다. 어느 날, 소고 다카오 회장이 직원들에게 이런 이야기를 하는 것을 목격한 적이 있다.

상품 개발, 제조, 영업, 고객 상담, 총무, 인사 등 각자에게 주어진 역할을 매일 온힘을 다해서 열심히 일하는 직원 여러분에게 진심으로 고맙습니다. 여러분의 노력과 땀은 발목이 약해져 걷기 힘든 노인과 병이나 사고로 장애가 생긴 사람들이 신는 재활 신발이 되어 사람들에게 전해집니다.

하지만 여러분이 그들에게 전하는 것에는 신발만 있는 것이 아닙니다. 신발을 신고 벗기 불편한 할아버지, 병으로 다리가 부어서 신을 신발이 없는 할머니 같은 사람들이 여러분이 만든 신발 덕분에 편히 걸을 수 있어요. 그리고 친구, 가족들과 함께 밖으로 나가 바람을 쐴 수 있고 다시 인생을 즐길 수 있습니다. 이런 이야기와 함께 고맙다는 인사가 담긴 편지가 매일 나에게 전달됩니다.

여러분이 만든 신발은 나이 지긋한 어르신, 몸이 불편한 사람들에게 걷는 즐거움과 삶의 희망을 함께 전하고 있어요. 그러니 앞으로도 진심과 감사의 마음

을 담아서 그런 사람들을 위해 열심히 노력합시다!'

나는 이 말을 듣고 머릿속이 정화되는 느낌을 받았다. 직원 한 명 한 명이 밝고 즐겁게 일할 수 있는 것은 직원을 일깨우는 리더의 스피치 덕분이 아닐까 하는 생각에 감동하지 않을 수 없었다.

개개인의 업무가 모여서 어떤 성과를 낳는지, 그리고 그것이 회사에 어떤 의미가 있는지를 전달해 일깨우면 동료와 부하직원의 마음에 열심히 일하고자 하는 의욕이 샘솟는다. 스피치를 통해 소속된 조직의 힘을 더욱 강하게 다질 수 있다는 것을 잊지 말자.

● Point

· 업무의 상위 단계에 있는, 좀 더 전체적인 모습을 확인시킨다.
· 개개인의 업무가 전체적으로 어떤 목표와 관련 있는지 전달한다.
· 일상 업무에 지치기 쉬운 동료의 마음을 일깨우자.

'마음을 자극하는 것'의 중요성

최근에 나는 뇌의 움직임과 커뮤니케이션의 관계에 대해서 관심을 갖게 되었다. 스피치와 프레젠테이션을 통해 사람들에게 영향을 주려면 논리적인 주장뿐만 아니라, 듣는 이의 마음을 자극하는 것이 중요하다. 대부분의 사람들도 각자의 경험을 통해서 이 사실을 감각적으로 이해하고 있을 것이라고 생각한다.

그런데 도대체 마음이란 무엇일까? 신체 중 어느 부분의 기능을 가리키는 것일까? 왜 그 부분을 자극하고 호소하는 것이 중요한 것일까? 그것은 얼마나 중요한 일일까?

이런 질문에 답하는 것은 그리 간단한 일이 아니다. 그런데 뇌과학을 공부하면서 뇌와 마음의 관계를 깊이 이해하게 되었고, 그 답을 할 수 있게 되었다. 뇌에 대해서 알면 알수록 효과적인 스피치가 가능해진다. 이번에는 뇌과학을 통해서 알게 된 것을 공유하고자 한다.

대략적으로 설명하면 뇌는 세 가지 층으로 구성되어 있다. 최표면에 해당하는 층이 대외피질, 중간부에 해당하는 층이 대뇌변연계, 최심부에 해당하는 층이 뇌간이다. 각 층이 인지와 기억, 의지와 감정, 생명을 관장한다. 즉, 희로애락의 감정과 의욕 같은 마음의 움직임은 대뇌변연계가 담당한다. 이 마음의 움직임은 사고와 의지에 영향을 미친다. 왜냐하면 눈, 귀, 피부, 코, 혀의 다섯 가지 감각기관을 통해 얻는 외부 자극과 정보는 모조리 대뇌변연계 속의 편도핵이라 불리는 부분으로 모이기 때문이다. 그리고 편도핵은 이러한 외부 정보가 '쾌적'한 것인지 '불쾌'한 것인지 판단하고, 희로애락의 감정을 대뇌피질로 보낸다. 대뇌변연계는 대뇌피질에서 행하는 사고나 의사 결정의 움직임을 조절하는 사령탑 역할을 맡고 있는 것이다.

감정은 사고에 큰 영향을 미치고, 때로는 사고가 내린 결론을 뒤집는다. 우리의 감정은 종종 사고를 뒤집는다. 예를 들어, 달콤한 것을 좋아하는 사람은 맛있는 케이크를 눈앞에 두고 살을 빼야한다는 이성적인 사고를 억누르지 못한 채 케이크를 먹어치우고 만다. 또한 술을 좋아하는 사람은 신선한 회와 생맥주를 눈앞에 두고 건강검진에서 술을 줄이라는 경고를 들었지만 이를 무시한 채 입에 대고 만다.

이때 케이크와 생맥주의 시각적인 영상과 옆 테이블에서 들려오는 잔이 부딪히는 소리, 생맥주잔을 들고 외치는 건배 소리, 그윽하게 풍겨오는 케이크의 달달함과 술안주의 맛있는 냄새 정보는 일단 눈, 귀, 코를 통해서 대뇌변연계로 모인다. 그러면 과거에 몇 번이나 경험했던 케이크와 생맥주의 맛, 그런 것들을 즐겼던 즐거운 장소에 대한 기억을 떠올려 쾌적한 기분을 느끼게 한다.

대뇌피질에서는 '다이어트를 해야 한다', '술을 줄여야 한다'는 사고에 따라 오늘은 먹지 말자는 이성을 작동시키지만 편도핵에서 보낸 유쾌한 감정에 뒤집히고 만다. 이처럼 감정은 사고에 영향을 미치고, 종종 사고가 내린 결론을 뒤집는다. 스피치에서 들는 이의 마음을 자극하고 호소하는 것이 중요한 이유는 바로 여기에 있다.

○ 듣는 이의 입장과 기분을 공감하고 배려의 말을 건넨다.

○ 고민과 문제를 해결하는 데에 도움이 되고 싶다는 마음을 지니고 메시지를 전달한다.

○ 오프닝에서 재미있는 농담으로 마음의 벽을 허물거나 공통 관심사를 이야기하여 공감대를 형성한다.

이런 것들이 스피치를 듣는 이들의 마음에 긍정적인 감정을 형성한다. 마음의 문을 열고 나의 주장에 귀를 기울인다. 또 제안을 받아들이고 움직이게끔 할 수 있다.

● Point

· 마음의 움직임은 사고와 의지에 영향을 미친다.

· 감정은 때때로 사고가 내린 결론을 뒤집는다.

· 듣는 이의 마음에 호소하는 것은 뇌과학적 관점에서도 중요하다.

듣는 이의 감정 변화를 설계하자

대개 우리는 스피치를 준비할 때 무엇을 이야기할 것인지, 어떤 구성으로 이야기를 마무리할 것인지 스피치의 '내용'에만 집중하는 경향이 있다. 그런데 듣는 이에게 강한 인상을 남기고 싶다면, '듣는 이의 감정 변화를 설계한다'는 관점에서 스피치를 바라보아야 한다.

스피치는 정보를 전달할 뿐만 아니라, 듣는 이의 의식과 행동을 변화시킬 정도의 강력한 임팩트가 요구된다. 듣는 이가 마음으로 느끼고 깨달음을 얻어 자발적으로 행동하도록 자극해야 한다. 그러기 위해서는 일단 스피치 전후에 청중의 감정을 어떻게 변화시키고 싶은지, 즉 '비포&애프터'의 모습을 그려본다. 그다음에 구체적으로 어떤 감정의 변화를 이끌고 변화를 촉구할 것인지, 기승전결의 네 단계로 설계한다.

구체적인 사례를 통해서 설명하겠다. 오랜 실적 부진으로 부도 직전의 힘겨운 상황에 빠진 어느 회사의 사장이 기사회생을 바라며 만든 혁신 계획을 투자자들에게 발표하는 상황을 가정해보자.

비포를 상상한다

혁신 계획을 발표하기 전에 투자자들의 비포 모습은 어떨까? 어떤 감정으로 앉아 있을까? 어쩌면 '사장이 얼마나 간절한지, 이번에는 정신을 좀 차렸는지 어디 한번 보자', '솔직히 별 기대는 없지만' 같은 부정적인 감정을 갖고 있을지도 모른다.

애프터를 그린다

스피치를 통해 이런 투자자들을 어떤 자세로 변화시키고 싶은지 떠올려보자. 만일 나라면 '그래 이 계획이라면 실행이 가능하겠어. 게다가 저 사람이라면 그렇게 하겠군. 더 많이 응원해야겠다'는 긍정적인 감정을 갖게 하고 싶을 것이다.

감정 변화를 설계하는 네 단계: 기승전결

그런데 투자자들의 마음을 비포에서 애프터 상태로 단숨에 변화시키는 것은 그리 간단한 일이 아니다. 그래서 다음과 같이 기승전결의 네 단계를 거치는 감정 변화를 이끌어내야 한다.

비포: 별로 기대할 만한 게 없는데……

기: 어, 뭔가 이제까지와는 다르군

승: 흠, 그렇군……

전: 아, 그렇구나!

결: 나름 괜찮네

애프터: 그래, 왠지 잘될 것 같아!

이러한 단계를 거쳐서 감정의 변화를 이끌어내면 부정적인 감정이 긍정적인 감정으로 바뀌도록 유도할 수 있다. 이러한 감정 변화의 관점에서 스피치 내용을 살펴보면 어떤 부분을 어떻게 구성하면 좋을지가 보인다. 또 스피치 상황에 내가 어떤 마음가짐으로 임하면 좋을지도 알 수 있다. 이처럼 스피치가 듣는 이의 의식과 감정에 변화를 줄 수 있다는 관점을 갖고 준비해보자.

● Point

· 듣는 이의 감정을 변화를 설계한다는 관점에서 자신의 스피치를 수정한다.

· 부정적인 감정이 긍정적인 감정으로 바뀌도록 유도할 수 있다.

· 기승전결의 네 단계를 거치는 감정 변화를 이끌어낸다.

마음을 움직이는 커뮤니케이션 스피치

이번에는 메시지를 보다 효과적으로 전달하기 위한 커뮤니케이션 스피치에 대해 소개하고자 한다.

어느 회사의 부장 A는 매우 유능하고 무슨 일에든 열심이지만 부하직원을 대하는 것에 서툴다. A의 부하직원들은 항상 혼이 나서 의욕을 잃거나 회사를 관두는 경우가 많다. A는 본인이 선배에게 엄격한 지도를 받았기에 부하직원들도 똑같이 대해야 성장할 수 있다고 믿고 있다. 이런 경우에 부장 A에게 어떤 말을 해주면 좋을까?

A부장, 부하직원을 대하는 방법을 조금 바꿔보는 것이 어떤가? 자네 밑으로 들어가기만 하면 다들 의욕이 없어 보이는데 말이야. 이러면 자네에게도 좋지 않아. 직무 평가에도 분명 영향을 줄 거고.

이런 식으로 행동을 바꾸라는 요구를 받으면 A는 무엇을 느끼고 어떤 반응을 보일까? 내 앞에서는 "알겠습니다"라고 답할지 모르나 속으로는 '부하직원들을 위해 엄하게 지도하는 것인데 아무것도 모른다'며 오히려 의욕을 상실할지도 모른다.

이때 나의 메시지를 효과적으로 전달할 수 있는 커뮤니케이션 스피치의 포인트가 세 가지 있다. 바로 '공감한다', '기분을 전달한다', '선택지를 준다'다. 각각에 대해 자세하게 살펴보자.

① 공감한다

사람은 누구나 나름의 사정이 있고 그에 따라 행동한다. 그 사람의 사정과 상황을 이해하고 왜 그런 행동을 하려고 했는지 공감하는 노력이 중요하다. 그런데 이런 부분에 대한 이해는 전혀 없고 행동만 고치라고 말하면 아무도 그 말을 받아들이고 싶지 않을 것이다.

앞에서 예로 든 경우에 "A부장, 자네는 부하직원들이 성장할 수 있도록 항상 엄하게 지도하는 것 같아. 그런데 요즘 들어 자네 부하직원들 중에 의욕이 없어 보이는 사람이 많은 것 같은데, 방법을 바꿔보는 것은 어떤가?"처럼 A의 행동에 공감을 나타내면서 고쳤으면 하는 부분을 제시하면 나의 말을 좀 더 쉽게 받아들일 수 있을 것이다.

② 기분을 전달한다

사람은 행동을 바꾸라는 충고나 지적을 받으면 불쾌감을 느끼게 된다. 그러나 이때 말하는 이의 기분을 이해하게 되면 그에 응하고 싶어진다. 따라서 A에게 "자네가 그렇게 해주면 다 같이 좀 더 즐겁게 일할 수 있을 테고 회사 분위기도 나아질 거야. 그리고 나도 기쁠 것 같네"처럼 나의 기분을 덧붙여 말하면, A는 나의 기분을 이해하고 본인의 행동을 바꾸려는 마음을 먹게 될 것이다.

③ 선택지를 준다

사람은 두려운 나머지 명령을 따를 수밖에 없는 상황보다 본인 스스로 선택할 수 있는 상황에서 보다 자발적으로 행동한다. A에게는 "어떻게 하면 좋을지 생각해보고 다음에 꼭 의견을 말해주게"라고 말해 상황에 어떻게 대처할지 스스로 행동을 선택하게 할 수 있을 것이다.

이런 식의 충고를 들으면 A도 자발적으로 자신의 행동을 되돌아보려는 마음이 들 것이다. '공감한다', '기분을 전달한다', '선택지를 준다'. 이 세 가지를 반드시 염두에 두고 본인의 생각을 전달해보자.

상대방을 격려하는 펩 토크 스피치

혹시 '펩 토크'에 대해서 알고 있는가? 아사다 마오 전 피겨스케이팅 선수가 올림픽에서 연기를 펼치기 전에 '응, 응' 하며 코치의 말에 고개를 끄덕이던 모습을 본 적이 있을 것이다. 또는 축구나 럭비 시합 전에 선수와 감독이 둥글게 모여서 '잘 하자!'를 외치며 서로를 격려하는 모습도 본 적이 있을 것이다. 펩 토크는 이처럼 코치나 감독이 선수들에게 분발할 것을 당부하며 건네는 말이다.

나는 고등학교 시절에 배구부 주장이었다. 항상 시합 전에 둥글게 모여서 정신을 가다듬고 기합을 넣으며 서로를 격려했다.

"다들 알지? 오늘 상대가 세다는 거. 전국 대회에서 맨날 우승하는 애들이라 우리가 열 번 싸워서 한 번 이길까 말까한 상대지만 그 한 번이 바로 오늘이야! 오늘은 우리가 이길 차례야! 오늘을 위해서 누구보다 열심히 연습했으니 본때를 보여주자! 여름 합숙 훈련을 떠올려봐. 공을 끝까지 놓치지 않고 열심히 연습했던 우리잖아. 우리는 할 수 있어! 반드시 이기자! 오늘을 위해서 우리가 존재하는 거야. 자, 가자!"

펩 토크는 보통 1, 2분 정도로 짧게 진행되지만 이것도 스피치의 일종이다. 새로운 일을 시작할 때 스피치의 마지막 부분에서 펩 토크를 활용하면 동료들의 마음을 다잡을 수 있다.

펩 토크는 다음과 같은 흐름으로 구성하면 보다 효과적이다(일본 펩 토크 보급 협회의 우라카미 다이스케 전무이사에게 조언과 정보를 제공받았다).

① 상황을 받아들인다

일단 있는 그대로의 상황을 받아들인다. 예를 들어 압도적으로 강한 상대를 마주했을 때의 불안감 또는 뭔가에 처음 도전할 때의 긴장감을 마주하는 것이 그에 해당한다.

② 긍정적으로 바라본다

누가 봐도 불리한 상황일지라도 일부러 긍정적인 면을 바라보고 표현한다.

③ 바라는 점을 전달한다

상대방에게 바라는 점을 전달한다. 상대방이 어떻게 행동해주었으면 하는지를 이야기한다. 단, 부정적인 단어는 절대 사용하지 않는다. 가령 상대방이 꼭 이겼으면 할 때는 '지면 안 돼!'가 아니라 '최선을 다해!'라고 말한다. 또한 상대방이 과감히 도전했으면 할 때는 '실패를 두려워 마!'가 아니라 '눈 딱 감고 도전해봐!'라고 말한다. 왜냐하면 '지면 안 된다'라는 말을 들었어도 사람의 잠재의식에는 '진다'라는 단어가 각인되기 때문이다.

④ 격려한다

마지막에는 사람들을 행동으로 이끄는 격려의 말을 덧붙인다.

⑤ 마음을 가라앉히고 전진할 수 있는 기분을 만들어준다

피아노 교사가 처음으로 발표회에 나간 학생에게 다음과 같은 펩 토크를 건넨다.

"○○야, 손이 떨리는구나. 그건 네가 진심으로 잘하고 싶다는 증거야."

"진심을 다하면 잘 칠 수 있다고 선생님이 항상 말했지?"

"자, 너 자신을 믿고 진심을 다해서 잘하고오렴!"

이번에는 사람들 앞에서 말하는 것에 서툴고, 스피치 전에 늘 긴장하는 당신을 학생이라고 가정하고 펩 토크를 해보겠다.

"오늘이 드디어 스피치 날이군요. 많은 사람들이 모이는 자리라서 좀 긴장되죠?"

"이렇게 많은 사람들이 당신의 이야기가 듣고 싶어서 모인 겁니다. 모두 당신을 응원하고 있어요."

"당신의 경험이 여기 모인 많은 사람들에게 용기를 줄 겁니다. 늘 저에게 말씀하시듯이 그렇게만 하시면 됩니다."

"자, 그럼 나가볼까요? 모두가 당신을 기다리고 있습니다!"

● **Point**

· 되도록이면 간결하게 말한다.

· 상황을 받아들이고 긍정적인 말로 바라는 점을 전달한다.

· 마지막에 행동으로 이끄는 격려의 말을 덧붙인다.

08

상대방의 마음을 움직이는 법

듣는 이의 의욕을 이끌어내자

이번에는 상대방에 대한 이해의 깊이가 마음을 움직이는 말로 이어지는 것을 설명하고자 한다. 아들러 심리학에서는 자기 수용, 타자 신뢰, 공헌감을 공동체 감각, 즉 사람이 조직이나 단체 속에서 행복을 느끼기 위해서 필요한 요소라고 말한다.

자기 수용이란 자신의 부족한 부분까지 포함해서 다 받아주고 인정할 수 있는 것이고, 타자 신뢰란 주변 사람들을 신뢰할 수 있는 것이다. 공헌감은 자신이 소속한 그룹이나 조직에 기여할 수 있다고 생각하는 것이다. 이 세 가지 요소에 대한 점수가 높아졌을 때에 사람은 행복을 느끼고 의욕이 샘솟는 반면, 이 요소들의 점수가 낮아졌을 때에 사람은 불행을 느끼고 의욕을 상실한다.

예를 들어, 팀을 잘 꾸리고 맡은 프로젝트를 성공시켰을 때 우리는 행복을 느끼고 다음에도 열심히 해야겠다는 의욕이 샘솟는다. 이는 프로젝트를 성공으로 이끈 자신을 인정할 수 있고, 함께 노력해준 동료들을 신뢰할 수 있으며, 조직에 공헌했다고 느끼는, 즉 세 가지 요소에 대한 점수가 높아졌기 때문이다. 이와 반대로 팀을 잘 꾸리지 못하고 맡은 프로젝트가 성공적이라고 말할 수 없는 결과를 낳았을 때 여러분은 자신감을 잃고 말 것이다. 이는 앞서 말한 세 가지 요소에 대한 점수가 낮아졌기 때문이다.

이와 같은 사고방식에 따라 다음의 세 가지 태도로 동료와 대화를 나눠보자.

① 동료의 장점을 말해준다

첫 번째는 동료의 장점을 말하는 것이다. '아직 이 부분이 덜 됐잖아', '그게 자네의 단점이야'처럼 부족한 부분을 지적하기 쉽다. 이때 동료는 겉으로는 '죄송합니다'라고 대답하겠지만 아무도 없는 회의실에서 한숨을 쉬면서 '나는 쓸모없는 인간이야. 그래도 나름대로 한다고 한 건데'라며 자신을 비하하고 회사 일을 고통스럽게 생각하고 있을지도 모른다.

그러니 동료의 장점을 찾아서 말해주자. 일단 잘한 부분을 명확하게 인정하고 그 부분을 언급한다. 그런 다음에 못하거나 서툰 부분에 대해서 '이 부분까지 잘하면 더 좋아질 거야'라고 말하는 것이다. 동료의 장점을 인정해주면 동료는 자기 수용 점수가 높아질 것이다.

② 동료에게 도움을 준다

두 번째는 동료에게 도움을 주는 것이다. 우리는 동료가 도움이 되어야 한다고 생각한다. 그런데 여기에서 잠시 관점을 바꾸어 내가 어떻게 서포트해주면 동료가 좀 더 일하기 쉬울까, 생각해보자. 그리고 적극적으로 동료에게 손을 내밀어 보자. 자신을 도와주려고 한 것을 매우 기쁘게 생각할 것이다. 이는 타자 신뢰 점수가 높아지게 한다.

③ 동료의 도움에 감사한다

세 번째는 동료의 도움에 감사하는 것이다. 우리는 모두 다른 사람에게 도움이 되고 싶어 한다. 타인에게 도움이 되었다고 느낄 때 행복해진다. 평소에 감사의 마음을 담아서 '자네가 있어줘서 큰 도움이 되었어. 앞으로도 열심히 해주게' 같은 말을 건네보자. 자신의 존재가 동료나 부서에 기여하고 있다는 것을 느끼고 공헌감에 대한 점수가 높아질 것이다. 이런 태도로 대화를 나누면 틀림없이 동료는 더 열심히 해야겠다는 의욕이 샘솟는다.

· 듣는 이의 의욕을 끌어낼 수 있어야 한다

· 상대방의 장점을 말해주고 먼저 도움을 준다.

· 상대방의 도움에 먼저 감사한다.

의욕이 샘솟는 조언하는 법

비즈니스 상황에서는 누군가에게 조언을 할 기회가 많다. 일대일 미팅에서 보고서를 개선하라고 지적하거나, 부서 미팅에서 프로젝트 진행 상황을 보고받고 코멘트를 하는 상황을 예로 들수 있다. 이번에는 이런 상황에서 어떻게 조언하면 좋을지 알아보자.

상황 ① 보고서에 대해 조언할 때

"보고서가 이래서 되겠나? 여기랑 저기, 그리고 거기는 무슨 말인지 도통 모르겠네. 조금만 더 생각해보고 다시 작성해 오게."

"보고서 쓰느라 수고가 참 많았네. 이 부분은 참 잘 정리했더군. 그런데 여기랑 저기, 그리고 거기는 조금 더 이해하기 쉽게 수정하면 훨씬 좋은 보고서가 될 것 같아. 조금만 더 고민해보고 잘 고쳐보게."

상황 ② 프로젝트에 대해 조언할 때

상사 A

"이번 프로젝트는 여기, 저기 그리고 거기가 이상하던데. 대체 뭘 한 건가? 다시 고쳐 와."

상사 B

"이번 프로젝트를 진행하느라 수고가 많았네. 이 부분은 참 잘되었는데 여기랑 저기 그리고 거기는 조금 더 보강했으면 좋겠더군. 어떤가? 그렇게 하면 훨씬 더 좋아질 것 같지 않은가? 열심히 애써주게."

여러분이라면 각각의 상황에서 A와 B 중에 어떤 유형의 조언을 들으면 더욱 의욕이 샘솟겠는가? 평소에 어떤 유형으로 사람들과 대화를 나누는가?

당연히 바람직한 스타일은 B다. A와 같은 조언을 들으면 불쾌하고 받아들이고 싶지 않을 것이다. 분명히 아예 안 한 것도 아닌데, 그런 식으로 꼭 말해야 하나? 하는 반감이 들 것이다. 또한 실제로 이렇게 말대답을 한다면 핑계대지 말라는 이야기를 들을 것이 뻔하다. 이에 반해 B와 같은 조언을 들으면 '열심히 한 부분을 인정해줘서 기쁘다, 그래, 그 부분을 개선하면 좋겠구나, 좀 더 열심히 해보자'라는 생각이 들 것이다.

하지만 실제로 많은 이들이 A와 같이 말한다. 물론 동료나 부하직원이 일하는 모습을 보고 있으면 부족한 면이나 서툰 부분이 눈에 띄기도 할 것이다. 때로는 지켜보다가 왜 이런 것도 제대로 못하는지 이해할 수 없다며 화가 치밀어 올라 분노의 감정에 휩싸여 '안 되겠어! 뭐하는 거야?'라고 지적하고 싶어질 때도 있을 것이다.

이럴 때는 심호흡을 크게 하거나 커피를 한잔 마시거나 혼자 쉴 수 있는 공간으로 이동하는 등 욱하고 치밀어 올랐던 분노를 가라앉히도록 노력해보자. 그리고 다음의 네 가지 단계에 따라 대화를 나눠보자.

○ 1단계 : 일단 노력한 것에 고마움을 전달한다.

○ 2단계 : 잘한 부분을 말한다.

○ 3단계 : 부족한 부분이 어떻게 수정되면 좋을지를 생각한다. '이 부분을 이렇게 하면 좀 더 나아지지 않을까?'라는 식으로 조언한다.

○ 4단계 : 마지막으로 '열심히 하라'며 기대감을 드러내고 행동을 이끌어 낸다.

같은 공간에서 일하는 동료들을 아끼고 사랑하는 마음이 있으면서도 얼떨결에 무뚝뚝하거나 쌀쌀맞은 말투로 조언을 하고 있을지도 모른다. 앞으로 조언할 기회가 생긴다면 반드시 이 네 가지 단계를 떠올려서 상대방의 의욕이 샘솟는 조언을 해보자. 분명히 동료의 눈에 생기가 돌고 빛이 날 것이다.

- 단점만 지적하는 것은 상대방을 슬프고 고통스럽게 만들 뿐이다.

- 부족한 부분은 어떻게 수정하면 좋을지 말해준다.

- 조언하기 전에 일단 자신의 마음을 안정시킨다.

내 편을 만드는 긍정적 말투

똑같은 일도 긍정적인 말투로 전달받았을 때 기분도 좋아지고 적극적인 자세를 가지게 된다. 그런데 많은 사람들이 부정적인 말투로 말을 한다. 내 말을 듣는 사람이 자발적으로 움직이려고 하지 않는 이유 중 하나가 바로 나의 부정적인 말투 때문이다.

조리 있게 말하지 못하고 부하직원에게 명료한 지시를 내리지 못하는 야마모토 계장에게 상사가 그런 부분을 개선하라고 지적하는 상황을 가정해보자.

상황 ① 부정적인 말투의 조언

"야마모토 계장, 자네는 말을 좀 두서없이 해서 알아듣기가 어려워. 그래서 다른 직원들도 자네 지시를 잘 알아듣지 못하더군. 앞으로 말을 좀 잘 해보게.

혹시 이런 말투의 조언을 들어본 적이 있는가? 단점을 지적하는 전형적인 부정적 말투다. 이런 말투의 특징은 바람직하지 않은 모습을 완벽한 부정으로 지적하고 막연한 조언을 늘어놓는 것이다.

바람직하지 않은 모습이란 '알아듣기 어렵다', '이해할 수 없다' 같은 원하지 않는 모습이다. 그러나 인간의 뇌는 부정형의 단어를 이해할 수 없다고 한다. 예를 들어 '분홍색 코끼리를 상상하지 마라'라는 말을 들으면 어떤가? 상상하지 않으려고 하면 할수록 오히려 분홍색 코끼리가 머릿속에 떠오른다. 이처럼 인간의 뇌는 부정형의 단어를 들어도 들은 단어 그대로 떠올린다. 바람직하지 않은 모습을 지적하고 그렇게 하지 말라고 지적하면 바람직하지 않은 모습만 떠올리고 마는 것이다.

완벽한 부정이란 10점 만점 중에 몇 점은 잘했는데도 마치 빵점인 것처럼 말하는 것이다. '정말로 알아듣기 어렵다', '전혀 이해할 수 없다' 등의 표현이 그에 해당한다. 보통 이런 말을 들으면 누구나 '내가 그렇게 못했나' 하며 자신감을 잃거나 낙심하기 마련이다.

마지막으로 막연한 조언이란 주체적인 행동을 이끌어내지 못하는 조언이다. '말을 좀 잘 해보게'라는 조언을 듣고 행동으로 옮기는 것은 그리 쉽지 않다.

상황 ② 긍정적인 말투의 조언

"야마모토 계장, 자네가 지금보다 조금만 더 알아듣기 쉽게 말하면 부하직원들이 자네 지시를 잘 이해하게 될 거야. 그러니 뭔가 하고 싶은 말이 있으면 세 가지로 정리해서 조리 있게 말해보는 것은 어떤가?"

부하직원의 의욕과 자발적인 행동을 능숙하게 이끌어내는 상사는 이런 말투로 부하직원을 대한다. 이런 말투의 특징은 바람직한 모습으로 조금 더 발전시켰으면 좋겠다고 지적하고 구체적인 조언을 말하는 것이다.

바람직한 모습이란 '지시를 잘 이해하다'처럼 그렇게 되기를 바라는 모습이다. 앞에서 중요한 시합 직전에 감독과 코치가 선수들에게 용기를 북돋아주는 '펩 토크'를 설명했는데, 여기서도 바라는 모습을 긍정적인 표현으로 전달하는 것이 기본이다. 왜냐하면 말은 뇌에 각인되기 때문이다.

조금 더 발전시켰으면 좋겠다는 지적은 '알아듣기 쉽게', '조리 있게'라고 말하는 부분이다. 일이 어느 정도 잘됐지만 그보다 한층 더 발전했으면 좋겠다고 바라는 마음을 표현하는 것이다. 이런 말을 들으면 부하직원은 자신이 '잘하고 있는 부분'과 자신이 '노력하고 있는 부분'을 상사가 인정해줬다고 느낀다.

구체적인 조언이란 성과로 이어지는, 곧바로 실행에 옮길 수 있는 조언이다. '뭔가 하고 싶은 말이 있으면 세 가지로 정리해서 말해보라'는 조언을 들으면 그대로 행동에 반영할 수 있다.

몇 번을 말해도 동료가 꿈쩍도 하지 않는다고 고민하고 있다면 나의 말투를 점검해보자. 말투 하나로 동료의 태도가 바뀔 수 있다. 꼭 긍정적인 말투로 조언해보자.

● **Point**

- 바람직하지 않은 모습을 지적하면 부정적인 모습만 떠올린다.
- 그렇게 되길 바라는 모습을 구체적으로 이야기하며 조언한다.
- 말투 하나로 상대방의 태도가 크게 달라진다.

좋은 상사가 되는 스피치

수많은 회사가 신입사원을 환영하는 자리를 가진다. 이번에는 상사로서 신입사원에게 조언을 하는 스피치 상황에 대비해보자. 우선 신입사원을 아는 것이 그들과의 접점을 만드는 첫발이다.

임원, 관리직 상사들에게 신입사원은 마치 다른 별에서 온 사람처럼 느껴질지도 모른다. 실제로 관리직 종사자들과 이야기를 나누다 보면 '요즘 젊은 사람들은 골치가 아프다'는 말을 종종 듣는다. 나도 대학교 강의나 연수에서 20대 전후반의 청년들을 만날 기회가 많은데, 이들의 가치관과 행동양식이 내가 젊었을 때와 달라서 몹시 당황했던 적이 있다.

그렇기 때문에 기성세대의 입장에서 청년들에게 어떤 말을 해봤자 결코 좋은 스피치를 할 수 없다. 나 자신에 대한 조언의 의미를 포함해 신입사원의 입장과 상황을 공감해야 한다. 그들을 보다 깊이 이해하기 위해서 시대적 배경과 사회 변화, 그리고 미래라는 세 가지 측면에서 신입사원을 살펴보아야 한다.

① 시대적 배경 : 어떤 시대에 자랐는가?

일본에서 재수를 하지 않고 4년제 대학에 합격해 졸업하고 2018년 봄에 입사하게 된 신입사원은 1995년 또는 1996년생으로 만 23세다. 태어나서 대학을 졸업할 때까지 실질 GDP 성장률의 평균치가 거의 0%인 세대다. 참고로 올해 만 55세가 되는 1963년생의 경우는 8% 초과인 세대다. 고도성장 시대에 자란 임원 및 관리직 종사자와 성장이 멈춘 시대에 자란 신입사원의 사고방식과 행동 양식이 다른 것은 어쩌면 당연한 일일지도 모른다.

1인당 명목 GDP도 임원과 관리직 세대는 세계 20위 이하에서 매년 상위로 올라가는 시대였던 반면에, 신입사원 세대는 태어났을 때부터 이미 세계 3위였고 매년 하위로 떨어져 2016년에는 22위까지 전락했다.

임원과 관리직 세대는 규모의 측면에서도, 1인당 누릴 수 있는 풍요로움의 측면에서도 '아직까지 일본은 세계 2위의 경제 대국'이라는 과거 이미지를 갖고 있는 사람이 많은데, 현재 상황은 그때와 크게 다르다.

② 사회적 변화 : 어떤 변화가 일어나고 있는가?

신입사원들은 컴퓨터, 인터넷, 휴대전화, 스마트폰, 소셜 네트워크의 보급과 함께 성장했다. 쇼핑, 정보는 물론 친구와의 대화 등 모든 것을 인터넷을 통해서 하는 것이 당연한 세대다.

임원과 관리직 세대는 회사 업무를 길게는 10년에서 20년, 인생은 30년에서 40년의 길이로 바라볼 것이다. 이에 반해 신입사원 세대는 회사 업무를 앞으로 50년, 인생은 70년의 길이로 바라볼 것이다. 현재 일본은 인구 감소와 고령화가 빠르게 진행되고 있다. 일본 정부에 따르면 현재 약 1억 2,700만 명의 인구가 2060년 무렵에는 9,000만 명으로 줄어들 것이라고 한다. 또한 현재 4명에 1명꼴인 고령인구(65세 이상)가 2060년 무렵에는 2.5명에 1명꼴, 혹은 4명에 1명이 75세 이상 후기 고령인구가 될 것이라고 내다보고 있다. 국내 시장 규모가 축소될 것이며, 세금과 연금 제도 또한 달라질 것이다.

③ 미래 : 임원과 관리직 세대의 책임

신입사원 세대가 놓인 상황이 대충 어떤지 가늠이 될 것이다. 녹록치 않은 시대에 태어나 밝지 않은 미래를 살아가야 하는 이들에게 어떤 말을 건네고 싶은가? 그런 시대를 살아가야 하는 신입사원 세대에게 기성세대가 남겨줄 수 있는 것은 무엇일까? 또

한 기여할 수 있는 것은 무엇일까? 이런 관점에서 새롭게 신입사
원을 위한 스피치를 생각해보자.

● **Point**

· 자신의 가치관만큼 상대방의 가치관을 아는 것이 중요하다.

· 상대방이 걸어온 인생과 앞으로 살아갈 인생은 어떠할까?

· 그런 상황에 처한 상대방에게 앞으로 해줄 수 있는 이야기를 생각
  해보자.

결혼식 축사를 부탁받았다면

앞에서 신입사원에게 하는 스피치에 대해 살펴봤는데 이번에는 더욱 자주 발생하는 상황 중 하나인 결혼식 축사를 부탁받았을 때 어떤 이야기를 하면 좋을지 알아보자.

여러분은 지인에게 결혼식 축사를 부탁을 받은 적이 있을 것이다. 거절할 수 없어서 승낙은 했지만 결혼식 당일까지 '어떤 이야기를 하면 좋을까?' 머리를 쥐어뜯었던 적이 많지 않은가? 이런 분들을 위해서 피로연 축사를 부탁받았을 때에 참고가 될 만한 이야기를 해보고자 한다.

결혼식 피로연은 말 그대로 결혼이라는 기쁜 일을 널리 알리기 위해서 베푸는 연회다. 대개 양가 부모가 주최자이고 결혼식에 참석한 사람들을 대접하는 것이 목적이다. 따라서 주빈으로서 피로연 축사를 부탁받았을 때는, 주최자가 신랑 신부의 양가 부모라는 점을 이해하고 양가 부모의 기대를 정확하게 파악하는 것이 중요하다.

그렇다면 결혼식 피로연에서 신랑 신부의 부모는 주빈 연사에게 무엇을 기대할까? 여러분이 부모라면 주빈에게 어떤 이야기를 듣고 싶은지 생각해본다.

사회인으로서 자식이 얼마나 열심히 일하고 있는가?

상사에게 어떤 기대를 받는 존재인가?

동료에게 얼마나 의지가 되는 존재인가?

아무리 무례하고 버릇없는 사람일지라도 부모에게 자식은 무엇과도 바꿀 수 없는 소중한 존재다. 일생에 한 번뿐인 중요한 자리에서 자식이 멋지고 훌륭한 존재라는 말을 들으면 얼마나 기쁘겠는가? 양가 친척들 앞에서 자랑스러운 자식이길 바랄 것이다.

축사의 특징은 주최자가 신랑 신부를 추켜세우는 칭찬을 기대한다는 점이다. 자사 기념식이나 상공회의소에 초청되어서 하는 스피치는 여러분 자신이 주인공이다. 청중은 회사나 여러분 자신의 이야기를 기대한다. 하지만 결혼 피로연에서 주빈으로서 축사를 해야 할 때는 신랑 신부의 이야기를 전하고 그들을 주인공으로 만들어야 한다. 결혼식 당일의 주인공이 누구인지, 주최자인 양가 부모가 무엇을 기대하는지를 잊지 말자.

간혹 신랑 또는 신부와 각별한 사이가 아니라서 실제 모습이나 회사에서 어떻게 일하는지 잘 모르는 사람도 있을 것이다. 이럴 때는 둘의 주변 지인들에게 자문을 구해보자. 본인도 미처 몰랐던 장점이나 매력이 드러나는 일화를 들려줄지도 모른다.

만일 자문을 구했는데 미흡하거나 부족한 부분만 지적하고 아무도 장점을 이야기해주지 않는다면 리프레이밍reframing 방법을 활용해보자. 리프레이밍이란 다른 관점에서 사물을 바라보고 바꾸어 말하는 것이다. 예를 들어, '금세 의기소침해진다'를 '침착하고 상황에 대해 깊이 생각한다'와 같이 바꾸어 말하는 것이다. 이러한 관점에서 새롭게 주변 사람들의 이야기를 들어보면 좋은 일화를 발견할 수 있다.

주변 사람들에게 얻은 일화를 앞에 소개된 스티브 잡스의 스피치처럼 세 가지 이야기의 형태로 정리해보자. 오프닝에서는 축사를 언급하고 바디에서는 신랑, 신부의 매력을 세 가지 일화와 함께 전달하는 것이다. 클로징에서는 미래에 대한 기대를 말해주자. 이같은 스피치의 법칙들을 잘 적용하면 성공적인 결혼식 축사를 할 수 있을 것이다.

09

진심이 느껴지도록 이야기하는 법

속마음을 말해 '진짜 공감'을 얻자

"많은 사람들 앞에서 말하는 게 꺼려져요. 서툴기도 하고요. 항상 긴장돼서 평소 저답게 말을 못해요."

최근에 이런 상담을 받은 적이 있다. 분명히 이와 비슷한 고민을 가진 사람들이 많을 것이다. 미리 상담자의 양해를 구했고, 여러분과 그의 이야기를 공유하고자 한다.

상담자 A는 인재 육성 회사에 근무하는 30대 영업사원이다. 회사에서는 매주 월요일에 전체 아침 회의를 하는데, 참석자 중한 명이 실적 보고와 회사 미션에 관한 화제, 최근에 노력한 업무등에 관해 3분 발표를 한다. A는 항상 전날부터 어떤 이야기를 하면 좋을지 고민이지만 괜찮은 화제를 찾지 못한 채 아침을 맞는다고 했다. 많은 사람들이 자신을 쳐다보는 것이 익숙하지 않아서 '아……', '어……', '그러니까……' 하는 식으로 말을 끌거나 더듬는다. 그는 이런 부분을 개선하고 싶다고 했다. 또한 "사실 아침 회의에서는 듣기 좋은 말만 하게 되어 있어요. 대체 뭘 위해서 하는 건지 모르겠어요"라고 이야기하며 약간의 불만도 품고 있었다. 그리고 "얼마 전에 Q씨가 발표했을 때도 '책임지고 성과를 내겠다고 약속한다'는 사장의 말을 억지로 갖다 붙인 것 같아서 전혀 진심이 느껴지지 않았어요"라고 말했다.

내가 A에게 "그럼 아침 회의 시간에 어떤 이야기를 하고 싶으세요?"라고 묻자, "그렇구나 하고 저절로 수긍할 수 있는 이야기를 하고 싶어요"라고 답했다. 실제로 그런 이야기를 들은 적이 있냐고 묻자, A는 한 신입사원의 이야기를 들려주었다.

"그 신입사원은 사실 조종사가 되는 것이 꿈이었는데 시력이 나빠서 포기할 수밖에 없었고 절망적이었다고 했어요. 그런데 담당 의사가 건넨 편지에 '사실 저도 그래요. 하지만 괜찮아요. 분명히 새로운 꿈이 생길 겁니다. 저를 보세요. 이렇게 의사가 되었잖아요'라는 글이 적혀 있었다고 합니다. 그런 일이 있은 후에 그는 '꿈이 넘치는 세상을 만들자'는 회사의 비전에 매력을 느끼고 입사를 결심하게 되었다는 이야기를 해주었죠."

A에게 "Q씨와 신입사원의 이야기의 다른 점은 무엇이라고 생

각해요?"라고 묻자, 진심이 담겨 있느냐의 여부라는 답이 돌아 왔다. 이에 덧붙여 A는 "그러고 보니 제가 제일 표면적인 이야기 만 했던 것 같군요. 늘 '괜찮은 화젯거리가 없나?' 하고 찾아 헤맬 뿐, 정작 제 자신이 직접 느낀 점이나 깨달은 점은 중요하게 생각 하지 않았네요"라고 말했다.

나는 내 경험담을 예로 들어 용기를 내어 자신의 생각을 말하 는 것이 중요하다는 것을 A에게 알려주었다. 예전에 어느 유명한 경영 잡지에 글을 싣게 되었는데, 그럴싸하고 멋진 글을 써야한 다는 생각에 이런저런 소재를 찾아서 글을 완성했지만 전혀 마음 에 들지 않았다. 결국 멋지게 쓰려는 생각을 버리고 그냥 솔직하 게 나의 경험을 쓰자고 결심하고 글을 대폭 수정했는데 뜻밖에도 그 글이 큰 호평을 받았다고 말이다.

그러자 A는 "그러고 보니 실제로 가까운 곳에 소재가 참 많네 요. 제 경험을 저만의 표현으로 말하면 되는 거군요. 이렇게 생각 하니 기분이 한결 편해지는데요"라고 말했다.

"지금까지는 멋지게 말하기 위한 화젯거리만 찾았어요. 그런데 제가 아침 회의 시간에 정말로 하고 싶었던 공감을 얻는 발표는 진심을 담아서 속마음을 말하는 것으로 가능하다는 것, 그러면 발표를 들은 사람들이 '그렇구나' 하며 수 긍하게 된다는 것을 깨달았습니다. 앞으로 다른 사람의 이야기를 마음으로 느 낄 수 있도록 노력해야겠어요. 그리고 저도 제 생각을 솔직한 저만의 표현으로 말해보겠습니다."

한 달 후에 나는 A에게 "오늘은 자신감을 갖고 발표할 수 있었어요. 역시 진심을 담아서 속마음을 이야기하는 것이 중요하더라고요"라는 이야기가 담긴 기쁨의 편지를 받았다.

이처럼 생각을 바꾸면 발표나 스피치에 대한 부담감과 고통이 사라지기도 한다. 사람들 앞에서 말하는 것이 서툴고 불편해서 고민하는 여러분에게 참고가 되기를 바란다.

● Point

· 스피치 하면 뭔가 멋진 이야기를 하고 싶어지기 마련이다

· 중요한 것은 속마음과 진심을 말하는 것이다.

· 부담감이 사라지면 스피치에 대한 두려움도 사라진다.

'우리'를 주어로 감동을 전하자

회사 홈페이지에는 대개 대표가 보내는 메시지가 게재되어 있다. 여러 회사의 홈페이지를 비교해보면 따분한 메시지에서 감동적인 메시지까지 다양하다. 이 메시지를 통해서 회사 대표가 평소에 회사 안팎에서 어떤 스피치를 하고 있는지 대충 짐작할 수 있다.

대부분의 메시지가 형식이 잘 갖춰져 있는데도 불구하고 아무리 읽어도 감동이 전해지지 않는다. 논리 정연하지만 추상적인 표현을 사용한 뻔한 내용으로 회사 대표의 생각과 의지가 전혀 느껴지지 않는다. 예를 들어 다음과 같은 메시지가 그렇다.

폐사는 창업 때부터 XX를 모토로 가치 있는 제품과 서비스를 제공하여 모든 관계자들에게 지지와 사랑을 받는 기업이 되고자 합니다. 앞으로 5년간 중장기 경영 기획인 'VISION 80'을 실현하기 위해서 전력을 다해 노력할 것입니다. 구체적으로는…… 향후 폐사가 겪어야 할 사업 환경이 점차 악화될 것으로 예상되지만 여러 이해관계자들stakeholder에게 가치를 창출하기 위해서 지속적으로 힘쓸 것입니다. 앞으로도 많은 지원과 응원을 부탁드립니다.

이와 다르게 감동적인 메시지는 회사 대표가 자신의 이야기를 들려주듯이 상품과 고객에 대한 생각, 사회 공헌, 미래에 대한 의지를 담은 마음속 깊이 와 닿는 메시지다.
구체적인 예로 시즈오카현의 광전자 기술 회사인 하마마쓰 포토닉스의 히루마 아키라 사장의 메시지를 살펴보자.

그것이 없으면 실현할 수 없다.
그것이 없으면 목적에 도달할 수 없다.
그것이 없으면 미래와 만날 수 없다.
우리는 우리의 광※ 기술을

'Key Enabling Technology'라고 자부한다.

우리는 세상에 없는 것을 창조하는 회사다.

(중략)

다카야나기 겐지로 선생의 정신을 이어받아 하마마쓰가 기반이 되는 광 기술의 땅으로 만들기 위해서, 미래를 창조하는 지반을 구축하기 위해서 지속적으로 노력할 것이다.

'이ㅅ'라는 글자에서 100년을 맞이하는 2026년.

그때 세상을 다시 한 번 바꾸는 '이ㅅ'를 선보이고 싶다.

우리는 그런 회사다.

나는 따분한 메시지와 감동적인 메시지를 비교하면서 중요한 특징을 하나 발견했다. 감동적인 메시지에는 주어가 '자사'가 아니라 '우리'로 표현된다는 점이다. 폐사, 당사, ○○그룹처럼 회사를 주어로 말하는 사장의 메시지는 힘이 없다. 그에 반해 우리, 우리들을 주어로 말하는 사장의 메시지는 에너지가 넘친다.

회사를 주어로 메시지를 전달하려면 대표는 회사를 객관적으로 바라봐야 하고 회사 업무를 제3자의 입장에서 설명하는 말투를 이야기할 수밖에 없다. 이에 반해 '우리'를 주어로 메시지를 전달할 경우에는 대표 본인과 직원들이 회사 사업에 대해 갖고 있는 생각과 의지를 당사자의 입장에서 이야기할 수 있다.

따라서 반드시 '우리'를 주어로 하여 고객을 위해서, 사회를 위해서 어떤 마음가짐으로 매일 열심히 일하고 있는지, 어떤 희망을 품고 있는지, 더 나아가 어떤 미래를 만들고 싶은지 말해보자. 분명 마음을 울리는 메시지를 전달할 수 있을 것이다.

● Point

- · 대표의 메시지 전달 능력은 회사 홈페이지를 통해서 파악할 수 있다.

- · 주어를 '우리'로 하여 이야기하자.

- · 어떤 생각과 마음가짐으로 임하고 있는지 전달하자.

10

신중하게 이야기하는 법

마음에 없는 소리는 하지 말자

내가 내뱉은 말 한마디의 무게를 소중히 여길 줄 알아야 한다. 말 한마디 한마디가 마음속 깊은 곳에서 우러나온 진실한 것임을 느끼고, 그 말을 지키기 위해 고군분투하는 모습을 보면 사람들은 나를 따른다. 매사에 이런 자세로 임하고 그런 날들이 쌓이고 반복되는 가운데, 말의 무게가 점점 더 묵직해지면 나의 스피치가 미치는 영향력은 커지기 마련이다.

반면에 새롭고 멋진 것을 추구하면서 자신이 내뱉은 말을 금세 잊어버리고 정작 과거를 되돌아봤을 때 무엇 하나 실행하지 못했다면? 이런 모습을 지속적으로 보여주면 사람들은 그 누구도 나를 따르려하지 않는다. 스피치가 아무리 세련되고 멋진 표현으로 가득할지라도 아무도 귀 기울여 듣지 않는다.

스피치는 일회성으로 끝나는 것이기 때문에 어떤 말이든 할 수 있다. 하지만 '이렇게 말하면 멋지니까', '이렇게 말하면 파급력이 있을 테니까' 하며 마음에도 없는 것, 불가능한 것을 말하면 안 된다. 말한 것을 실행하지 않으면 나중에 큰 대가를 치르게 된다는 점을 반드시 명심해야 한다. 이런 의미에서 앞에서 다뤘던 '속마음을 말하라'가 매우 중요하다.

나는 말의 무게에 대해서 이야기할 때 소니의 오오카 노리오 사장을 떠올린다. 그는 도쿄예술대학을 졸업하고 독일로 유학을 떠난 성악가였다. 만일 공동창업자였던 모리타 아키오에게 스카우트 제의를 받지 않았다면 오페라 가수로 세계를 누비며 활약하고 있었을지도 모를, 독특한 재능의 소유자다.

그가 사장으로 재직하던 시절에 이런 일화가 있었다. 마지막까지 찬반 여론이 거세게 일었던 플레이스테이션 게임기의 사업화를 심의하는 경영진 회의에서 당시 그는 플레이스테이션의 신입 개발자였던 쿠타라기 켄의 진면목을 꿰뚫어보고 '당장 하라'는 최종 결단을 내렸다. 참고로 쿠타라기 켄은 훗날 소니 컴퓨터 엔터테인먼트(현 소니 인터랙티브 엔터테인먼트) 사장으로 취임했다.

그 후에 오오카 노리오 사장은 회사 안팎에서 어떤 알력이 발생해도 쿠타라기 켄을 믿고 계속해서 격려를 아끼지 않았고 플레이스테이션 사업화를 묵묵히 지켜보면서 지지했다. 여러분은 이 사업이 얼마나 큰 성과를 이루었는지 이미 잘 알고 있을 것이다.

일단 입 밖으로 내뱉은 말은 끝까지 책임지고 행동으로 옮겼던 오오카 노리오 사장의 모습을 항상 떠올리며 말과 결단은 신중해야 한다는 것을 다시 한번 마음에 새긴다.

● Point

· 자신이 내뱉은 말 한마디의 무게를 소중히 여긴다.

· 말한 것을 실행하지 않으면 나중에 큰 대가를 치를 것이다.

· 결단을 내렸다면 반드시 실행에 옮긴다.

도널드 트럼프 대통령의 연설

이슈가 끊이지 않는 화제의 인물, 미국의 도널드 트럼프 대통령 연설에는 어떤 특징이 있을까? 우선 2017년 1월 20일에 있었던 트럼프 대통령의 취임 연설을 살펴보자. 그의 연설은 과거 미국 대통령의 취임 연설과 비교했을 때 크게 세 가지 점에서 이색적이었다.

첫 번째는 격조 높은 문학적 수사법을 대폭 줄이고 알기 쉬운 표현을 썼다. 두 번째는 선거전에서 대립각을 세우던 상대편 후보자의 지지자들과 융합을 꾀하기보다 피폐한 미국의 중산층을 대상으로 메시지를 전달했다. 그리고 세 번째는 이상향을 제시하기보다 앞으로의 개혁 비전을 제시하고 행동을 촉구하는 '미국 국가 재건 선언'이라는 내용을 제시했다.

구조　도널드 트럼프의 연설은 다섯 개의 파트로 구성된 매우 간단한 구조다. 중심 메시지는 '지금 이 순간부터 아메리카 퍼스트로 국가를 재건한다'는 개혁을 향한 강력한 의지를 나타내는 것이었다.

오프닝은 매우 간결하게 의례적인 부분을 최소한으로 줄이고 자신의 생각을 직설적으로 전달하고자 했다.

연설의 본문인 바디는 세 가지 부분으로 구성했다. 첫 번째, '국가는 국민에게 봉사하기 위해서 존재한다. 권력을 워싱턴 기득권층에서 국민에게 이양한다'는 문제의식을 나열했다.

두 번째, '미국은 현재 비참한 상황이다. 다른 나라를 지켜주고 그들을 풍요롭게 해주면서 정작 국내 상황은 열악하고 피폐하다'며 미국의, 특히 내륙부 중산층의 비참한 현실을 지적했다.

세 번째, '지금 이 순간부터 아메리카 퍼스트를 비전으로 내걸고 국가 재건을 최우선으로 한다'는 개혁 방침 선언을 했다. 개혁을 위한 규칙으로 도널드 트럼프는 두 가지를 들었는데, 하나는 미국 제품을 구입하고 다른 하나는 미국인을 고용하는 것이었다. 명확한 방침을 구체적으로 제시한 것이다.

클로징은 '미국을 다시 위대한 나라로 만들자'라는 강한 의지를 전달하고 '모두가 힘을 합쳐 노력하자'는 호소로 끝을 맺었다.

수사법 효과적인 연설을 위해서 도널드 트럼프가 활용했던 기법 중 하나가 '반복법'이다. 문법적으로 같은 구조의 문장을 되풀이하는 것인데 아메리카 퍼스트에 대해 언급하는 장면에서 그는 다음과 같이 연설했다.

미국은 일자리를 되찾을 것입니다. 미국은 다시 강화할 것입니다. 미국 시민들은 부를 되찾을 것입니다. 우리는 우리의 꿈을 다시 찾을 것입니다.

눈으로 읽다보면 단순한 내용이 반복되어 다소 지루하게 느껴질지 모른다. 하지만 반복법을 구사한 연설은 연사의 기분을 격앙시켜 흥분 상태에 이르게 하고, 그 감정이 고스란히 청중에게 전달되어 청중까지 흥분 상태로 만드는 효과가 있다. 그 유명한 마틴 루터 킹 목사의 연설 〈나에겐 꿈이 있습니다〉도 이방법을 활용했다.

말투　도널드 트럼프는 연설 전반부에서 다소 긴장한 탓인지 힘 있게 말하지 못했다. 연설문 원고를 비춰주는 프롬프터 사용이 미숙한 탓에 당황한 것처럼 느껴지기도 했다. 하지만 중반부의 '아메리카 퍼스트'를 외친 다음부터 연설회장의 분위기가 무르익으면서 청중의 열기가 뜨겁게 달아오르자 그는 힘 있는 연설을 보여줬다.

마음속 깊이 진실로 믿는 것을 청중에게 전달할 때 연사의 생각은 눈빛, 표정, 몸짓, 손동작, 목소리 등의 비언어를 통해서 전달된다.

도널드 트럼프 대통령의 연설을 통해서 배울 점은 '짧고 알기 쉽게, 솔직하고 힘 있게 말하는 점'이다. 기회가 된다면 도널드 트럼프 대통령의 연설을 꼭 한번 찾아서 시청해 보기를 바란다.

미국 대통령 선거를 돌아보며

잠시 시간을 되돌려서 도널드 트럼프 미국 대통령이 탄생하게 된 여정을 살펴보자. 미국 대통령 선거는 청중의 마음을 움직이는 후보자 연설이 매우 큰 영향을 미친다고 한다. 마지막까지 접전을 펼쳤던 도널드 트럼프와 힐러리 클린턴 후보자의 연설이 어떻게 달랐는지 자세히 알아보자.

앞에서 언급했듯이 고대 그리스 철학자 아리스토텔레스는 스피치의 영향력을 좌우하는 요소로 로고스(논리), 파토스(감정), 에토스(신뢰) 세 가지를 들었다. 청중이 납득할 수 있도록 논리적인 내용이어야 하고, 청중이 감정적으로 흔들리도록 강한 의지와 생각을 담고 있어야 한다. 그리고 청중이 신뢰감을 갖도록 성실하면서도 고매한 인격을 갖추고 있어야 한다. 이 세 가지 관점에서 이 후보자 두 명의 연설을 살펴보자.

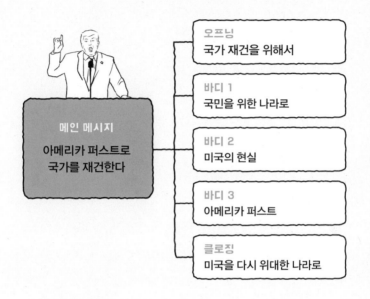

도널드 트럼프 대통령 취임 연설의 구조

메인 메시지
아메리카 퍼스트로
국가를 재건한다

오프닝
국가 재건을 위해서

바디 1
국민을 위한 나라로

바디 2
미국의 현실

바디 3
아메리카 퍼스트

클로징
미국을 다시 위대한 나라로

도널드 트럼프

도널드 트럼프는 '미국을 다시 위대한 나라로Make America Great Again'라는 슬로건으로 대통령 선거에 임했다. 그의 연설은 정념 자극형情念刺戟型으로 사람들이 느끼는 분노와 굴욕에 불을 붙여서 감정을 자극하는 스타일이다.

미국은 애플, 구글 등의 IT기업이 세계 시장을 석권할 정도로 큰 활기를 띠고 있는 반면, 철강 산업의 경쟁력 저하와 자동

차 산업의 국외 공장 이전으로 제조업 쇠퇴가 현저하게 나타나고 있다. 그래서 내륙부 주의 수많은 노동자들이 직장을 잃고 소득이 감소하고 있다. 또한 느슨한 국경 관리로 불법 이민자가 몰려든 탓에 저임금 노동력이 양산되어 노동자들은 더욱더 힘겨운 상황에 처해 있다.

트럼프는 이런 사람들에게 '외국의 값싼 수입품을 저지한다', '공장의 해외 이전은 나쁘다', '불법 이민자들을 미국에서 몰아낸다', '멕시코와의 국경선에 장벽을 세운다', '일자리와 자긍심을 되찾아 미국을 다시 위대한 나라로 만든다' 라며 강하게 호소했다. 그 결과 노동자층의 열렬한 지지를 얻어냈다. 선거 결과를 보면 하이테크 산업이나 금융 업계가 위치한 서해안과 동해안에서는 클린턴 후보가 승리한 데 반해, 과거 제조업이 번성했던 내륙부 대부분의 주에서는 트럼프가 표를 휩쓸었다.

사실 트럼프의 연설은 논리적인 측면에서 설득력을 충분히 갖췄다고 말할 수 없다. 또한 연설에서 'Believe me' 라는 말을 반복하기도 했다. 이슬람교도를 테러리스트라고 지명하거나 멕시코인을 불법 이민자라고 공격하는 등 다소 품격이 떨어지는 부분도 있었다.

그러나 수많은 미국인들이 속으로만 생각하고 있었던 것을 대변했다는 점에서 사람들의 질타와 비난을 두려워하지 않고 필요한 지적을 했다고 평가할 수 있다. 대통령으로 취임한 현재 선거 공약을 실행에 옮기고 있는지, 말만 앞세우는 사람은 아닌 지, 약속을 지키는 사람인지 그의 진가가 시험대에 올라 있다.

힐러리 클린턴

힐러리 클린턴 후보는 '함께하면 강해질 수 있다Stronger Together' 를 슬로건으로 대통령 선거에 임했다. 그녀의 연설은 이성소 구형理性訴求型으로 메시지를 논리적으로 전달하는 것이 특징적 이다. 명확한 주장과 이유로 그녀의 말은 논리가 딱 맞아 떨어 졌다.

그러나 클린턴 후보의 연설은 청중의 마음을 움직이는 힘이 약했다. 민주당 대통령 후보자 선출에서 경쟁 상대였던 버니 샌 더스 후보가 학자금 대출로 고통 받는 청년과, 제대로 된 의료 서비스와 식사조차 못하는 빈곤층을 '어떻게든 구해야 한다', '도덕과 정의를 되찾아야 한다'고 강력하게 호소했던 것과 비교 해 봐도 클린턴의 스피치는 청중의 마음을 사로잡기에 역부족 이었던 것이 사실이다.

그녀의 최대 약점은 '신뢰성'이었다. '주장을 이리저리 바꾸 고 있다', '뭔가를 숨기고 있다', '거짓말을 하고 있다'는 인상을 주어 트럼프에게 극심한 공격을 받기도 했다. 논리적인 주장일지라도 성실성과 신뢰성이 의심되면 설득력은 단숨에 무너지기 마련이다.

그러나 대통령 선거전과 다르게 힐러리는 민주당 대선후보 수락 연설에서는 매우 훌륭했다.

힐러리 클린턴의 민주당 대선후보 수락 연설

대선후보 수락 연설은 당시 궁지에 몰려 있던 그녀에게 도약을 향한 큰 발판이 되었다. 그만큼 매우 훌륭한 연설이었다. 2016년 7월 26일에 있었던 힐러리 클린턴의 연설을 포인트 별로 살펴보자.

당시 민주당에서는 마지막 순간까지 클린턴 후보와 샌더스 후보가 치열한 경쟁을 벌이며 지지자들이 대립했고 당 내부가 분열되는 것이 아니냐는 위기감마저 감돌았다. 샌더스를 지지하던 사람들은 '버니인가, 파괴인가Bernie or Burst?'라고 쓴 플래카드를 들고 당 대회에 참여하는 등 긴장감이 고조된 상태였다. 게다가 민주당 대회 직전에는 공화당 후보였던 트럼프의 지지율이 클린턴을 웃도는 상황이었다.

선거전은 당초 클린턴의 압도적인 우세가 예상되었지만 월가에서 거액의 정치 자금을 받은 클린턴이 실제로 경제적 약자의 입장에 서서 정치를 할 수 있겠느냐는 의문이 제기되기도 했다. 또한 국가 기밀을 다루는 국방장관 시절에 쉽게 해킹당할수 있는 자택 서버로 전자 메일을 송수신했고 이 점이 드러나자문제될 만한 데이터를 모두 폐기했다는 등 정치가로서 신뢰도가 하락할 수 있는 상황이었다.

클린턴은 ① 샌더스 지지자와의 융화, ② 트럼프 공화당 후보에 대한 우위성 명확화, ③ 대통령 후보로서의 신뢰 회복, 이세 가지를 반드시 실현해야 했다. 이렇게 사면초가였던 클린턴은 다섯 개의 파트로 구성된 약 1시간가량의 수락 연설을 진행했다.

모두의 대의가 나의 대의다

오프닝에서 자신을 지지해주는 사람들과 당 대회에서 연설했던 당 대표진들에게 감사의 인사를 전하면서 후보자 지명 선거전에서 경쟁했던 샌더스의 지지자들에게 '모두의 대의가 나의 대의다. 미국의 미래에는 당신들의 아이디어, 에너지, 열정이 필요하다. 모두 함께 변화를 실현해 나가자'라는 메시지를전달했다.

지금이야말로 모두가 결속할 때다

이어서 영국과 독립 전쟁을 치러야겠다는 결단을 내렸던 시기와 현재를 오버랩하여 '의견이 달라도 서로의 목소리에 귀를 기울이고 타협하며 공통의 목적을 찾아 힘을 합치자', '지금이야말로 우리가 결속할 때다'라고 말했다. 또한 이번 선거를 신뢰와 결속, 자신감, 희망을 믿는 자신과, 분열, 위협, 두려움, 증오를 믿는 트럼프와의 싸움이라며 대립 구도를 명확히 했다.

모든 이의 대통령이 되겠다

그녀는 어린 시절에 부모에게 버림받고 고생했던 친어머니와 자신의 성장 배경, 점심을 먹지 못했던 엄마에게 먹을 것을 나눠주셨던 선생님 이야기 등 개인적인 이야기를 들려주었다. 이런 경험이 사회적 약자에 대한 지원과 사회 정의를 실현하는 활동의 원동력이 되었음을 밝혔다. 또한 주의주장主義主張이나 지지자냐 반대 세력이냐를 넘어서 모든 미국인을 위한 대통령이 되겠다는 의지를 언급했다. 그녀의 솔직한 이야기는 클린턴의 강인함을 보여주었고, 신뢰 회복에 큰 도움을 주었다.

중산층의 번영을 되찾겠다

그다음으로 클린턴은 중산층의 번영을 되찾겠다는 내용을 중심으로 구체적인 정책을 제시해 이것이 트럼프와 차별화되는 점이라고 명확한 선을 그었다. 구체적인 해결책을 제시하지 못한 채 호언장담을 일삼는 트럼프에 대한 통렬한 비판도 덧붙였다.

하나로 뭉쳐서 강해지자

마지막으로 '하나로 뭉쳐서 강해지자. 용기와 자신감을 갖고 미래를 향해서 나아가자. 사랑하는 아이들과 나라를 위해서 보다 나은 내일을 만들자. 그러면 미국은 지금보다 더 위대한 나라가 될 것이다'라고 청중에게 호소하며 연설을 마무리했다.

이 연설 이후에 클린턴의 지지율은 크게 올랐다. 아쉽게도 대통령 선거에서는 졌지만 이는 역사에 길이 남을 만한 멋진 연설이었다. 꼭 한번 찾아서 들어보기를 바란다.

4부

비언어 커뮤니케이션

비언어 커뮤니케이션이란 신체를 통해서 전달하는 메시지다.

예를 들어 골이 난 표정으로 팔짱을 끼고 상대방을 대할 경우

어떤 말을 하지 않아도 '나는 불만이다'라는 부정적인 메시지가 전달된다.

반대로 방긋 웃으면서 고개를 끄덕이며 상대방을 대할 경우에는

'그래서 그런 거군요', '이해해요' 등의 공감 메시지가 전달된다.

11

내 몸의 메시지를 잘 전달하는 법

말과 시선, 몸짓에 생각을 담자

이번에는 '생각이 담긴 스피치'에 관한 이야기를 하고자 한다. 며칠 전에 나는 어느 회사에서 신입사원을 대상으로 마련한 아침 회의에 참석하게 되었다. 회의에서 이런 장면을 목격했다.

"오늘은 여러분의 첫 월급날입니다. 다음부터는 은행 계좌로 입금이 되겠지만 오늘은 여러분에게 직접 전달하려고 합니다."

인사 담당자가 이렇게 말한 후, 신입사원 한 명 한 명에게 월급 명세서가 든 월급봉투를 건네주었다. 호명된 사원은 앞으로 나가서 직접 받았다. 표창식에서 상장을 받을 때처럼 인사를 하고 감사의 말을 나눈 후에 봉투를 받았다. 내 눈에는 두 사람의 모습이 눈에 띄었다.

신입사원 A

가볍게 목례하면서 '감사합니다'라고 말하고 봉투를 받았다. 그러고나서 고개를 바로 들고 자기 자리로 돌아가려고 했다.

신입사원 B

일단 인사 담당자 눈을 보며 또박또박 '감사합니다'라고 말하고 봉투를 건네받은 후에 고개를 숙였다. 그러고나서 고개를 들고 다시 한 번 인사 담당자의 눈을 보며 가볍게 목례를 한 후에 자리로 돌아갔다.

첫 월급을 받는 아주 짧은 시간에 벌어진 비슷한 동작이었지만 두 사람이 주는 인상은 전혀 달랐다. 월급봉투를 건네주는 인사 담당자에게 어떤 신입사원이 더 기억에 남을까? 설명할 필요도 없이 B일 것이다. 인사 담당자는 분명히 신입사원 모두에게 '한 달동안 수고가 많았다'라고 생각했을 것이다. 하지만 B에게는 '자네를 응원하겠네. 앞으로도 열심히 해주게!'라는 말 한마디를 덧붙이고 싶지 않았을까?

여러분은 두 사람이 어떻게 다르다고 생각하는가? 포인트는 세 가지다. 첫 번째는 '말에 감정을 담는 것'이다. 노래를 예로 들면 노래를 잘하는 가수의 목소리에서는 다양한 생각과 감정이 느껴진다. 말에는 생각이 담기는 법이다. A는 그저 감사를 의미하는 '감사합니다'라는 말을 입으로 내뱉었을 뿐이고, B는 '감사합니다'에 감사의 마음을 담았다.

두 번째는 '신체를 활용하는 방법'이다. 시선과 표정, 몸짓, 손 동작은 꽤 많은 메시지를 전달한다. A의 동작은 담당자에게 실례가 될 만큼 무뚝뚝했고 감사한 마음을 느낄 수 없게 했다. 이에 반해 B는 담당자와 눈을 마주치는 시선 처리와 고개를 숙여 인사하는 동작으로 감사한 마음을 명확하게 전달했다. 이런 차이는 신체가 메시지를 전달한다는 것을 명확하게 인식하고 있느냐 그렇지 않느냐에 원인이 있는 경우가 많다.

마지막으로는 '어떤 마음가짐을 갖고 있느냐'다. 본인은 자각하지 못해도 기분은 반드시 목소리와 몸짓으로 드러나기 마련이다. A는 '월급을 받아서 기쁘다'는 기분이 들었지만 회사나 인사 담당자에 대해 특별한 생각은 하지 않았다는 것이 드러났다. 이에 반해 B는 연수를 받으면서 월급도 받을 수 있다는 사실에 '이런 혜택이 있다니. 참 좋은 회사에 들어왔구나. 정말 다행이다'라고 생각하며 회사와 인사 담당자에게 감사의 마음을 품고 있는 것이 드러났다.

일단 생각을 품는다. 그러면 그 생각이 말에 담기고, 몸짓으로 표현된다. 말과 몸짓 언어를 함께 인식할 때 객관적인 정보는 물론, 주관적인 나의 생각이 호소력 있게 전달되는 강렬한 스피치 또한 할 수 있게 된다.

- 속마음과 기분은 반드시 목소리와 몸짓으로 드러난다.

- 마음에 와 닿은 생각은 응원하고 싶어진다.

- 일단 생각을 품는다. 그러면 그 생각이 말에 담기고 몸짓으로 표현된다.

말뿐 아니라 신체도 메시지를 전달한다

다음으로는 감정과 신체 메시지의 관계를 설명하겠다.

친목회 자리에서 누군가를 소개받고 악수를 나누는 장면을 떠올려 보자. 처음에 서로 눈을 보고 악수를 나누는 상황에서, 158페이지의 그림처럼 상대방이 얼굴을 돌려 다른 곳을 보고 있으면 어떤 기분이 들까? 분명히 '무례한 사람'이라며 불쾌한 기분이 들 것이다. 그 이유는 바로 상대방의 몸이 전달하는 메시지를 받았기 때문이다.

우리는 태도, 동작, 표정, 목소리를 통해서 상대방의 감정을 파악할 수 있다. 158페이지의 그림과 동일한 자세와 표정을 흉내 내보자. 그러면 '이 사람이 다른 생각을 하고 있구나'라고 느낄 수 있을 것이다. 결국 '당신보다 빨리 저쪽 사람과 이야기를 나누고 싶구나'라고 느끼게 될 것이다.

인간의 신체는 마음속 감정에 반응한다. 예를 들어 기쁨의 감

정일 때는 몸에서 긴장이 풀리고 온화한 미소를 띠게 된다. 반대로 분노의 감정일 때는 손을 꽉 쥐거나, 눈을 부릅뜨고 코와 미간에 힘을 주어 주름이 생기기도 한다. 슬프거나 낙심했을 때는 눈에 힘이 풀리고 머리와 몸이 축 처져서 한숨을 쉬는 경우가 많다. 이처럼 어떤 감정을 품었을 때 나타나는 신체적 반응은 사람의 공통적인 특징이다. 그래서 우리는 상대방의 태도와 동작, 표정, 목소리를 보거나 들으면서 직감적으로 상대방의 감정을 파악할 수 있다.

다른 사람과 만났을 때 '왠지 모르게 친숙하다', '서먹하다', '자신감이 없어 보인다'는 등 느낌을 받은 적이 있을 것이다. 이는 상대방의 표정과 태도를 통해서 직감적으로 감정을 파악한 것이다.

흔히 마음가짐이 중요하다고 말하는데 예전에 나는 그것이 과학적인 근거가 없는 정신론이라고 여겼다. 그런데 지금은 마음속의 감정이 신체를 통해서 주변 사람들에게 전달되고 그들의 감정에 큰 영향을 미친다는 것을 이해하게 되었다.

훌륭한 사람에게 보이는 후광이나 강력한 에너지를 느낀 적이 있을 것이다. 이렇게 눈에 보이지 않는 분위기와 에너지는 그 사람이 품고 있는 생각과 감정으로 드러난다 .

말뿐만 아니라 신체도 메시지를 전달한다는 것, 그리고 신체 메시지는 마음속 감정의 영향을 받는다는 점을 이해하자. 사람들 앞에서 이야기할 때는 물론, 다른 사람들과 어울리는 다양한 상황에서 상대방에게 전달하고 싶은 감정을 의식적으로 마음속에 품도록 노력해보자. 내가 하는 말의 힘이 더욱 커질 것이다.

● Point

· 말뿐 아니라 신체도 메시지를 전달한다.

· 상대방의 표정, 태도를 통해서 직감적으로 그 사람의 감정을 파악할 수 있다.

· 타인과 만나는 모든 상황에서 상대방에게 전달하고 싶은 감정을 의식하자.

아이콘택트를 하자

상대방의 눈을 보면 진의를 알 수 있다. 이는 누구나 잘 알고 있는 사실일 것이다. 실제로 눈은 많은 것을 이야기해준다. 의욕이 넘칠 때는 눈에서 반짝반짝 빛이 나고 의욕이 없을 때는 썩은 동태눈처럼 흐리멍덩하다. 이렇게 사람의 눈에서는 에너지를 느낄 수 있기 때문에 스피치나 프레젠테이션에서 '말'과 같은 비중으로 '눈'을 통해 청중에게 메시지를 전달하는 것이 매우 중요하다.

이번에는 많은 사람들 앞에서 스피치를 할 때 어떻게 하면 능숙하게 아이콘택트를 할 수 있는지 알아보자. 일대일로 이야기를 나눌 때는 눈앞의 상대방에게 시선을 고정하면 되지만 스피치를 하기 위해 수많은 사람들 앞에 섰을 때는 무수히 많은 얼굴이 보여 시선을 고정하기가 어렵다. 왼쪽을 봐도, 오른쪽을 봐도, 저 멀리의 안쪽 좌석을 봐도 사람들로 가득 차 있다. 보통 이런 경우에 '도대체 어디를 보고 이야기를 하면 좋을까?' 하는 고민을 많은 사람들이 할 것이다.

이때는 다음의 세 가지를 명심하길 바란다.

첫 번째는 '눈에 생각을 담는 것'이다. 즉, 자신의 눈에 생각과 의식을 담는 것이다. 멍하니 앞을 응시하는 것이 아니라, 눈으로 자신의 생각과 에너지를 발산하고, 그것을 전달하고 싶은 상대방에게 보내고 있다고 의식하는 것이다. 이렇게 하면 눈이 더욱 초

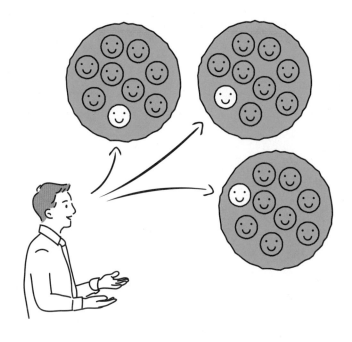

롱초롱해지고 표정도 한층 좋아진다.

　두 번째는 '청중을 세 부분으로 나누는 것'이다. 청중이 앉아 있는 자리를 오른쪽, 가운데, 왼쪽으로 크게 삼등분해서 균등하게 시선을 보낸다. 가운데 좌석의 청중에게 30초, 오른쪽 좌석의 청중에게 30초, 왼쪽 좌석의 청중에게 30초씩 시선을 보내는 것이다. 그리고 다시 가운데 좌석으로 되돌아온다. 이렇게 전체적으로 빠짐없이 균등하게 아이콘택트를 하면 듣는 이는 말하는 이가 자신에게 말을 걸고 있다고 느낀다.

　마지막 세 번째는 '특정한 사람을 의식해서 이야기하는 것'이다. 즉, 청중을 불특정 다수로 받아들이는 것이 아니라 '특정한 누군가'에게 이야기하고 있다고 스스로 의식하는 것이다. 오른쪽, 가운데, 왼쪽의 좌석에서 흐뭇한 표정을 지으며 나에게 호의적이라고 느껴지는 사람을 찾아보자. 그 사람에게 이야기를 들려준다는 생각을 하면서 스피치를 하는 것이다.

실제로 눈은 말만큼 많은 것을 말해준다. 효과적인 아이콘택트 방법을 활용하는 스피치로 듣는 이들의 마음을 사로잡을 수 있기를 바란다.

● **Point**

· 눈에 나의 생각과 의식을 담고 힘을 싣는다.

· 청중을 세 부분으로 나누어 균등하게 시선을 보낸다.

· 눈은 말만큼 많은 것을 말해준다.

공간의 분위기를 컨트롤하자

사람들 앞에서 이야기할 때에 분위기나 현장감을 느낀 적이 있을 것이다. 구체적으로 말해서 '호의적이다', '적대적이다', '엉뚱한 곳에 왔다'는 느낌이 든 적이 있을 것이다. 사람들이 모이는 자리에는 눈에 보이지 않는 무언가가 확실히 존재한다. 그렇다면 '그 자리에 감도는 분위기란 대체 무엇일까?', '그런 분위기는 무엇에 의해서 결정될까?', '어떻게 하면 컨트롤할 수 있을까?'를 주제로 생각해보자.

공간의 분위기는 '공간의 감정'으로 바꾸어 말할 수 있다. 공간의 감정은 그곳에 모인 사람들의 감정이 축적되어 만들어진다. 그 자리에 모인 사람들이 서로를 신뢰하고 좋은 감정을 갖고 있으면 따뜻하고 평온한 분위기가 형성된다. 이에 반해 모인 사람들이 서로를 견제하며 경계심을 품고 있으면 무겁고 경직된 분위기가 형성된다.

예를 들어, 여러분이 강연자로 초빙되어 300여 명의 청중 앞에서 이야기를 하게 되었다고 가정해보자. 단상에 섰을 때 어떤 분위기가 느껴지겠는가? 내 경험상 대부분의 경우 팽팽하게 긴장된 분위기가 감돈다. 또한 여러분이 청중으로 강연회에 참석했다고도 가정해보자. 바로 옆자리에 전혀 모르는 사람이 앉아 있으면 어딘지 모르게 불편하게 느껴질 것이다. 그리고 '강연자는 어떤 사람일까?', '어떤 이야기를 들려줄까?' 등 강연자를 평가하게 된다. 마음의 문을 열고 이야기를 긍정적으로 듣겠다는 생각을 바로 하게 되지는 않을 것이다. 마찬가지로 강연회 참석자들 역시 이런 감정을 갖고 있기에 긴장된 분위기가 형성된다.

그렇다면 어째서 그 자리에 모인 사람들의 감정이 분위기를 결정하는 것일까? 이는 사람들이 품은 감정이 눈빛과 표정, 목소리의 높낮이, 태도, 머리와 손의 움직임 같은 몸 동작에 영향을 미치기 때문이다. 사람의 감정은 비언어적인 메시지로 드러난다. 그래서 우리는 무의식적으로 주변 사람의 비언어적인 메시지로 그 사람의 감정을 느낀다. 그 감정들이 모여 공간의 감정(분위기)이 된다.

여러분이 스피치나 강연 등 사람들 앞에서 이야기할 때는 공간의 분위기를 주도적으로 이끌어나가는 것이 중요하다. 그렇게 하면 훨씬 더 이야기하기 편하고, 나의 메시지가 듣는 이에게 호의적, 긍정적으로 받아들여질 수 있기 때문이다.

공간의 분위기를 주도하기 위해서는 다음의 두 가지 요소가 중요하다. 첫 번째는 나의 마음과 듣는 이의 마음을 연결하는 것이다. 나와 듣는 이가 경계심을 버리고 서로에게 마음의 문을 열면 저절로 좋은 감정이 생기고 만족한 표정과 편안한 자세를 유지할 수 있게 된다. 그러면 그 자리의 분위기는 한층 온화해진다.

두 번째는 청중과 청중 사이에도 마음을 연결하는 다리를 만드는 것이다. 옆 좌석 사람과 친해질 목적으로 온 것은 아니지만 서로 경계심을 버리고 친해지면 그 자리가 편해져 더욱 기분 좋게 나의 이야기를 들을 수 있다.

예전에 마쓰시타 정경숙에서 강연했을 때의 일이다. "지난 2월에 두 권의 책을 PHP연구소를 통해 출판하고 3월에 마쓰시타 정경숙에서 강연을 하게 되는 등 요즘 들어 소니의 숙적인 마쓰시타와 자꾸 인연이 생기는군요"라는 말로 강연을 시작하자,

강연장 안의 누군가가 "사사키씨를 마쓰시타로 데려옵시다!"
라는 농담을 던졌다. 그러자 강연장 분위기가 단숨에 화기애애
해졌다.

나와 청중의 마음을 연결하는 방법으로 '이 자리에 모이게 된
것은 인연이다. 옆자리에 앉은 사람과 통성명을 할 시간을 가졌으
면 좋겠다'고 이야기해보자. 서로 명함을 교환하거나 이런저런 이
야기를 나누면서 분위기가 한층 활기를 띠고 밝아질 것이다.

스피치 초반에 현장 분위기를 긍정적으로 만드는 것에 성공하
면 좋은 분위기 속에서 편하게 나의 이야기를 할 수 있게 된다. 자
기 나름의 방법을 연구해서 스피치 현장의 좋은 분위기를 만들어
보기를 바란다.

● Point

· 나와 청중의 마음을 연결한다.

· 청중과 청중의 마음을 연결한다.

· 공간의 분위기가 잘 형성되면 그다음에는 무엇이든 원활하게 진행된다.

발음을 정확하게 하자

스피치에서 정확한 발음은 매우 중요하다. 단어가 지닌 울림을 명확하게 청중에게 전달하기 위해서는 단어 하나하나를 정확하게 발음해야 한다. 정확한 발음은 '성실한 사람'이라는 인상을 심어준다.

가수, 배우, 아나운서들은 정확한 발음을 하기 위해 목소리의 질을 갈고닦는 것은 물론, 하루도 빠짐없이 부드러우면서도 깨끗한 발음을 하는 훈련을 한다. 하지만 말과 전혀 관련이 없는 일에 종사하는 우리가 그런 훈련을 매일 할 수는 없다. 그래서 이번에는 누구나 정확한 발음을 구사할 수 있게 되는 간단한 연습 방법을 두 가지 소개하고자 한다. 나도 이 방법을 통해 큰 효과를 체험했다.

첫 번째 방법은 극단 시키四季의 창설자, 아사리 케이타가 제창한 방법이다. 극단 시키의 수많은 무대에서 주연으로 활약했던 친구에게 스피치 워크숍 진행을 위해 동작 지도를 부탁한 적이 있는데, 친구의 정확한 발음과 깨끗한 음색에 감탄했다. 역시 큰 무대에서 관객을 사로잡을 만하구나. 이 친구 역시 아사리 케이타의 방법으로 훈련하고 있었다.

일본어의 50음은 '아ぁ' 행을 빼고 모음과 자음으로 구성된다. 예를 들어 내 이름인 '사사키 시게노리'를 알파벳으로 적으면 'sa sa ki shi ge no ri'다. 즉, 내 이름을 발음할 때는 모음 '아 아 이 이

에 오 이'를 말해야 한다. 보통 발음이 불명확해지는 이유는 단어에 포함된 이들 모음을 정확하게 발음하지 못하기 때문이다. 따라서 모음 '아 아 이 이 에 오 이'를 한 음씩 정확하게 발음하는 연습을 여러 번 반복한다. 그러고나서 '사사키 시게노리'라고 말하면 본인조차 깜짝 놀랄 만큼 정확하고 듣기 좋은 발음을 구사할 수 있다.

두 번째 방법은 고대 그리스 시대의 정치가이자 변론가인 데모스테네스가 제창한 방법이다. 이는 2020년 도쿄 올림픽 유치를 성공으로 이끈 프레젠테이션의 연출 지도자 마틴 뉴먼트레이너가 추천한 방법이기도 하다.

데모스테네스의 연습 방법은 작은 돌을 입에 넣고 말하는 방법이다. 영화 〈킹스 스피치〉(2010)에서 국왕을 훈련시키는 데에 이 방법이 사용되었다. 작은 돌을 입 안 가득히 넣는 대신에 4색 볼펜 정도 되는 굵기의 펜을 입으로 문 상태에서 말하기 연습을 하는 것도 똑같은 효과를 얻을 수 있다. 작은 돌이나 펜을 입에서 떨어뜨리지 않고 말하는 것은 일부러 발음하기 힘든 환경을 만드는 것이다. 이런 제약적인 상황에서 말을 하려면 입을 능숙하게 움직이고 입 주변의 근육을 유연하게 해서 정확하게 발음하려고 노력하는 수밖에 없다. 이 노력이 깨끗하고 정확한 발음을 낼 수 있게 하는 훈련이 된다.

실제로 펜을 입에 문 상태에서 말하면 우물우물 듣기 힘든 소리밖에 낼 수 없다. 그러나 이런 상태를 극복해서 정확하게 발음하는 연습을 한 후에 펜을 빼고 말하면 그 전보다 훨씬 정확하고 듣기 좋은 발음이 가능해진다. 직접 해보면 아마 깜짝 놀랄 것이다.

여기서 소개한 두 가지 방법은 매우 간단하다. 꼭 한번 시도해보길 바란다. 정확하고 깨끗한 발음의 스피치로 상대방에게 좋은 인상을 심어줄 수 있을 것이다.

발성을 제대로 하자

나는 2011년부터 싱어송라이터이자 음악 프로듀서, 발성 표현 연구가인 구스노세 세이시로 선생에게 발성법을 배우기 시작했다. 2012년부터 2016년까지는 일대일로 보이스 트레이닝을 받기도 했다. 이전까지는 멋진 연기를 보여주는 배우와 사람의 마음을 사로잡는 가수의 목소리가 좋은 이유는 특별한 재능 덕분일 것이라고 생각했다. 발성법은 사업가인 나와는 아무런 상관이 없을 것이라고 생각했다.

그런데 구스노세 선생의 지도를 받고 목소리를 자유자재로 컨트롤할 수 있게 되면서 강연과 워크숍 등의 스피치에서 예전과 비교도 안 될 만큼 큰 감동을 청중에게 전달할 수 있게 되었다. 올바른 발성법을 배우고 제대로 된 훈련을 통해 아마추어도 상당한 수준의 발성 능력을 가질 수 있다는 사실을 깨달았다.

몸을 악기처럼 진동시키면서 자기 본래의 음을 낸다

구스노세 선생은 흉진발성법胸振發聲法이라는 방법으로 지도하는데, 이는 성악가이자 보이스 트레이너로 해외에서 활약했던 구스노세 선생의 아버지에게서 직접 전수받은 방법이라고 한다. 간단하게 설명하면, '성대에 가해지는 부담을 최소한으로 줄이고 몸을 악기처럼 진동시켜서 자기 본래의 음을 내는' 방법이다. 우리 몸 안의 힘을 끌어내기 위해서는 목소리 스트레칭으로 몸을 이완하고 균형을 잡는 것이 중요하다. 흉진발성법으로 말하면 오랫동안 아무리 큰 소리를 내도 목소리가 갈라지지 않는다. 서양인에 비해 체구가 작은 동양인에게 적합한 발성법이라고 한다.

수업은 스트레칭을 통해서 목, 어깨, 흉부, 등, 고관절, 다리의 긴장을 풀고 균형을 잡는 것부터 시작한다. 그다음에는 흉진발성법으로 목소리를 내고 가슴의 중심에서 몸의 진동을 느낀다. 낮은 음에서 높은 음까지 낼 수 있는 음역을 차차 넓혀나간다. 이런 기본 훈련을 마친 후에는 등에서부터 신체를 감싸듯이 서라운드로 소리를 내거나, 목소리의 궤적을 아래에서 위로 원호를 그리는 듯한 발성으로 부드러운 소리를 내거나, 샤워기처럼 위에서 아래로 떨어지도록 발성하거나, 직선으로 임팩트 있는 소리를 내거나, 목소리가 도달하는 곳을 가까운 데에서 먼 데까지 의식적으로 바꾸어 입체적인 음을 내는 등 다양한 기술을 익힐 수 있도록 연습한다.

구스노세 선생은 '공간을 제압한다'는 표현을 사용하는데, 실제로 나 또한 다양한 발성 기술을 사용해 감정을 목소리의 진동으로 섬세하게 모두 전달할 수 있게 되었다.

스피치는 정보를 포함해 말하는 이의 감정을 듣는 이가 느끼도록 하고, 그 마음에 영향을 미칠 수 있어야 한다. 그러기 위한 전달법 중 하나가 바로 표정과 몸짓, 손짓을 통한 시각적인 전달이고 다른 하나가 바로 목소리를 통한 청각적인 전달이다.

● Point

· 연습을 통해 발성을 자유자재로 컨트롤할 수 있다.

· 비언어적인 전달에서 목소리라는 청각 요소가 큰 역할을 한다.

· 다양한 목소리 기술을 사용해 스피치 상황을 주도할 수 있다.

끊는 부분을 의식해서 스피치 원고를 작성하자

스피치에서 메시지를 전달할 때 가장 중요한 것은 아이콘택트와 '말과 말 사이의 끊는 부분'이다. 말하는 이가 시선을 보내면 듣는 이는 마치 자신에게 이야기를 들려주는 것 같다고 느낀다. 또한 일정한 간격을 두면서 말하면 듣는 이는 그사이에 말하는 이의 말을 이해하고 상상할 수 있다. 스피치 원고를 작성할 때 구두점과 행간의 공간을 활용해 말과 말 사이의 끊는 부분과 아이콘택트 타이밍을 미리 표시하자.

구체적으로 예를 들면 '쉼표(,)에서는 한 호흡을, 마침표(.)에서는 두 호흡 정도를 쉰다'는 나만의 규칙을 정하는 것이다. 또한 행간에 공간을 두어 세 호흡 정도를 쉬면서 청중에게 아이콘택트를 하는 타이밍을 표시한다.

다음의 스피치 원고는 내가 '스피치의 세 가지 비밀'이라는 주제로 강의를 진행하게 되었다고 가정하고 오프닝 부분을 작성한 것이다. 구두점이나 행간을 의식하면서 직접 읽어보자.

강력한 메시지 전달력의 필요성

상대방의 마음을 사로잡고 움직이게 한다.

여러분에게는 책임감이 크게 느껴지는 높은 지위에 오를수록, 또 사회에 미치는 영향력이 커질수록 이런 능력이 필요합니다.

이런 능력을 갖추려면 논리적으로 알기 쉽게 설명하는 것을 넘어서 사람의 마음을 사로잡고 행동의 변화를 유도하는 강력한 메시지 전달 능력이 필요합니다.

스피치 라이터 경험

20대 후반부터 30대 후반까지 소니에서 일하며 모리타 아키오 회장, 이데이 노부유키 사장의 직속 사원으로 배치되어 스피치 라이팅을 비롯한 리더십 커뮤니케이션 지도 업무를 담당했습니다.

제가 모리타 아키오 회장을 보좌하던 1990년대 초반 무렵, 일본은 무역 대국으로 성장해 한창 미국과 격렬한 경제 마찰을 겪던 시기였습니다. 미국은 일본에 불공정한 관행이 많다며 신랄한 비판을 퍼부었습니다. 그런데 이러한 비판 중에서는 특정 기업의 이해에서 기인하는 것도 많아 이런 불합리한 주장에 모리타 회장은 정면으로 반론을 제기했습니다. 그런 상황 속에서 모리타 회장이 '항상 용기를 내라고 스스로에게 말하라'고 하셨던 것이 기억납니다.

2000년에는 모리 내각에서 IT 전략회의가 열렸고, 이데이 노부유키 사장이 의장으로 취임했습니다. 당시 일본은 인터넷 속도가 느리고 한국보다 많이 뒤처져 있었습니다. 이것이 일본의 산업 경쟁력에 큰 걸림돌이 되고 있다는 우려도 있었습니다.

이런 상황 속에서 이데이 노부유키 사장은 '5년 이내에 세계 최고속 인터넷망을 정비한다'는 비전을 내건 IT 기본 전략을 제언했습니다. 모리 총리와 모든 각료, 정재계 대표들이 참석한 어전회의御前会議(국가의 중대사를 결정하는 회의)에서 다양한 이해관계가 뒤얽힌 가운데, 자신이 옳다고 생각한 것을 용기 있게 주장하는 모습을 보여준 것이지요.

리더십의 열쇠, 스피치의 힘

두 명의 CEO를 옆에서 보좌하면서 저는 리더십의 열쇠는 바로 메시지를 전달하는 능력이라는 사실을 깨닫게 되었습니다. 청중의 마음을 사로잡고, 그들의 의식과 행동에 영향을 미치는 인상 깊은 스피치를 할 수 있느냐, 없느냐가 얼마나 중요한 것인지를 알게 되었습니다. 오늘은 이런 경험을 통해서 배운 스피치의 세 가지 법칙에 대해서 이야기하고자 합니다.

앞으로 스피치 원고를 작성할 때에도 이 원고를 참고하기를 바란다.

● **Point**

- 말과 말 사이의 끊는 부분을 의식해서 스피치 원고를 작성한다.
- '쉼표(,)에서 한 호흡, 마침표(.)에서 두 호흡을 쉰다'와 같은 자신만의 규칙을 만든다.
- 완성한 원고는 끊는 부분을 의식하면서 미리 읽어본다.

스피치 상황에 따라 원고를 다르게 준비하자

"스피치를 할 때 항상 머릿속이 하얗게 변해요. 어떻게 하면 좋죠?"이런 질문을 자주 받는다. 그런데 이런 사람의 이야기를 잘 들어보면 '스피치 할 때 원고를 보는 것이 부끄럽다', '스피치는 준비하는 것이 아니라 즉흥적으로 이야기하는 것'이라고 생각하는 경우가 많다.

나는 국내외 정치가, 경영인 등 여러 사람의 스피치를 들었고, 나 역시 무수히 많은 스피치를 해왔다. 그 경험들을 통해 스피치는 크게 네 가지 상황으로 나뉘고, 각각의 상황에 맞는 원고 스타

일을 구분해서 준비해야 한다는 점을 깨달았다.

① 익숙한 주제 / 비공식적인 상황

스피치를 여러 번 해보았던 익숙한 주제에 대해 비교적 부담이 적은 비공식적인 자리에서 원고 없이 말하는 것은 그리 어렵지 않다. 예를 들어, 나의 저서《생각을 전하고 마음을 움직이는 스피치 교과서》에 관한 내용을 지인이 기획한 소규모 스터디에서 이야기할 때 나는 원고를 전혀 보지 않아도 괜찮다. 왜냐하면 책을 집필하는 단계에서 막대한 시간을 들여 생각과 사고를 명확히 정리했고, 여러 차례 수정을 거쳐서 원고를 완성했기 때문에 책의 내용이 머릿속에 선명하게 각인되어 있다. 그리고 이 주제로 스피치를 많이 하기도 했다.

그 주제에 대해서 생각을 철저하게 정리했고 반복적으로 이야기했던 경험이 있다면 원고 없이 스피치를 할 수 있다.

② 익숙한 주제 / 공식적인 상황

자신이 좋아하고 능숙하게 말할 수 있는 주제로 공식적인 자리에서 스피치를 하게 되었다고 가정해보자. 이런 경우에 나는 적어도 키워드를 적은 메모를 준비하고 스피치의 흐름을 확인하면서 말할 것이다.

아무리 익숙한 내용일지라도 이런 경우는 중간에 이야기를 통째로 잊어버리면 안 된다는 생각에 긴장하기 마련이다. 딱히 메모를 보지 않더라도 일단 준비해두면 안심하고 스피치에 임할 수 있다.

③ 특별한 주제 / 비공식적인 상황

익숙하지 않은 특별한 주제로 스피치를 하게 되었을 때는 꼼꼼한 준비가 필요하다. 별로 부담스럽지 않은 비공식적인 상황이더라도 스피치 내용에 번호를 매겨 요약 정리한 정도의 원고는 준비해야 한다.

예를 들어, 2016년 미국 대통령 선거에서 보여주었던 힐러리 클린턴과 도널드 트럼프의 연설 내용에 관한 스피치를 하게 되었다고 가정해보자. 이때 자세한 메모를 준비하지 않고 강연하는 것은 사실 어려운 일이다. 그러나 실제로 강연할 때는 메모를 준비하는 과정에서 이미 머릿속에 그 내용이 잘 정리되어 있어서 슬쩍 메모를 보면서 내용을 확인할지언정 청중과 아이콘택트를 하면서 이야기할 수 있다.

④ 특별한 주제 / 공식적인 상황

만일 내가 모교인 하버드대학교 졸업식에서 수만 명의 졸업생을 앞에 두고 축사 연설을 하게 된다면 틀림없이 전체 원고를 준비할 것이다. 100시간 이상을 투자해서 원고를 작성하고 10시간 이상을 들여서 실제 연설인 것처럼 연습할 것이다. 하지만 이렇게 준비했더라도 졸업식 당일에 원고 없이 단상에 오르는 일은

	익숙한 주제	특별한 주제
공식적인 상황	키워드를 적은 메모를 준비한다	많은 시간을 들여 원고 작성, 실제로 스피치를 하듯이 연습한다
비공식적인 상황	스피치 원고를 보지 않아도 된다	번호를 매겨 내용을 정리한 메모를 준비한다

상상할 수 없다. 이는 누구나 마찬가지다.

원고 없이 스피치를 할 수 있는 것은 이야기할 내용이 익숙한 내용이기 때문이다. 특별한 주제로 특별한 장소에서 스피치를 할 때는 반드시 원고가 필요하다. 그러니 스피치 원고 때문에 받는 불필요한 부담감에서 해방되었으면 한다.

● Point

· 스피치 내용은 사전에 완벽하게 숙지하는 것이 중요하다.

· 준비된 상황에 따라서 원고 스타일을 구분한다.

· 미리 준비하지 않으면 마음에 여유가 없어서 자유롭게 이야기할 수 없다.

원고를 보면서 스피치 할 때

나는 종종 강연회나 워크숍에서 스티브 잡스의 스피치(스탠퍼드 대학교 졸업식)를 보여준다. 스피치 구성법과 스토리 전개법을 배울 수 있는 매우 좋은 사례이기 때문이다.

며칠 전, 히로시마 강연회에서도 스티브 잡스의 스피치를 시청하고 각자의 감상을 이야기하는 시간을 가졌다. 한 참가자는 "스티브 잡스가 원고를 보면서 이야기하는 모습이 별로였어요. 저는 그다지 좋은 스피치는 아닌 것 같습니다"라고 말했다. 실제로 스티브 잡스는 원고를 보면서 스피치를 했다. 하지만 그의 스피치를 들은 대부분의 사람들은 '좋은 스피치였다'고 이야기한다. 그렇다면 참가자가 지적한 대로 원고를 보는 스피치는 과연 나쁜 것일까? 이번에는 이를 주제로 다 함께 고민해보는 시간을 가졌으면 한다.

명연설가로 인정받는 버락 오바마 전 미국 대통령과 영국의 블레어 전 총리, 세계 최고의 글로벌 그룹 CEO도 국제회의 기조연설이나 대학교 졸업식 축사를 할 때는 반드시 원고를 준비하고 그 원고를 보면서 말한다. 오바마 전 미국 대통령은 프롬프터라는 반투명한 아크릴 보드를 무대 전방의 좌우에 설치하고 그곳에 투영된 원고를 보면서 연설한다. 프롬프터는 객석에서 보면 투명하지만 무대에서 보면 글자가 선명하게 보인다. 정면을 보면서 스피치를 할 수 있는 상황은 대부분의 경우 프롬프터 덕분이다.

이처럼 공식적인 자리면서 실수가 용납되지 않는 상황에서는 세계적으로 인정받는 리더들도 대부분 원고를 보면서 스피치를 이어나간다.

물론 '아무것도 보지 않고 연설하는 사람도 있지 않나요?'라고 지적할 수도 있을 것이다. 그런데 그럴 수 있는 것은 ① 항상 똑같은 이야기를 하는 경우, ② 실수가 용납되는 경우, ③ 오랫동안 충분한 시간을 들여서 연습한 경우, ④ 짧은 시간이 걸리는 스피치에 국한된다. 이 같은 경우에는 원고 없이 스피치에 도전해보는 것도 좋다. 하지만 공식적인 자리면서 실수가 용납되지 않는 상황에서 원고 없이 스피치를 감행하는 것은 무모한 도전이다. 뻔한 이야기를 늘어놓거나 알맹이 없는 겉핥기식 스피치가 되거나 말하는 도중에 머릿속이 하얘져 당황할 가능성이 매우 높기 때문이다.

원고를 보면서 스피치를 할 때 중요한 것이 두 가지 있다. 첫번째는 원고를 '읽는' 것이 아니라 '이야기하는' 것이다. 예를 들어 연기를 잘하는 배우를 보면서 우리가 감정 표현을 저렇게까지 잘하기는 힘들 것이라고 생각한다. 하지만 우리는 일상 속에서 자연스럽게 희로애락을 표현하며 배우의 연기보다 리얼한 삶을 살고 있다. 스피치를 할 때도 그렇게 자신의 모습을 잘 드러내며 말해야 한다. 원고를 눈앞에 두면 그저 읽어내려가기 바쁠 수 있다. 감정을 담지 못하면 스피치는 지루해지고 듣기 불편해진다. 스티브 잡스 역시 준비한 원고를 보기는 했지만 자신의 경험을 돌아보면서 생생하게 자신의 이야기를 해나갔기 때문에 명연설로 평가받는 것이다.

두 번째는 청중에게 아이콘택트를 하는 것이다. 시선과 표정은 꽤 많은 메시지를 전달한다. 배려가 느껴지는 눈빛과 입꼬리가 살짝 올라간 미소 띤 표정은 듣는 이에게 안심과 신뢰감을 준다. 원고를 보면서 말하면 보통 시선이 원고로 쏠려서 나의 생각을 제대로 전달하기가 어려워진다. 그래서 한 단락이 끝날 때마다 청중에게 아이콘택트를 하며 메시지를 전달하는 것이 중요하다.

공식적인 상황에서 스피치를 했던 사례로 2013년 아르헨티나 부에노스아이레스에서 있었던 도쿄 올림픽 유치 프레젠테이션 중 다카마도노미야 히사코가 했던 스피치를 들 수 있다. 그녀는 스피치 당일까지 펜을 놓지 않고 계속 수정한 원고를 보면서 각 단락마다 국제올림픽위원회 위원들에게 천천히 아이콘택트를 보냈다. 그녀의 기품과 생각을 모두 전달하는 훌륭한 스피치를 보여주었다.

중요한 자리에서 하는 스피치는 사전에 그 내용을 준비하고 원고를 보면서 말하는 것이 좋다. 전혀 문제가 되지 않으니 쓸데없는 걱정은 버리자. 감정을 담아서 청중에게 이야기하고 고개를 들어 아이콘택트를 보내는 것을 잊지 않는다면 반드시 멋진 스피치를 할 수 있을 것이다.

· 공식적인 상황에서는 원고를 준비해서 스피치에 임한다.

· 원고는 '읽는' 것이 아니라 '이야기하는' 것이다.

· 한 단락이 끝날 때마다 아이콘택트를 하면서 메시지를 전달한다.

12

내 마음의 주인 되는 법

긴장감을 극복하자

스피치에 관한 글을 쓰고 있지만 나 역시 강의나 강연을 할 때 긴장한다. 이번에는 스피치를 하기 전에 느끼는 긴장감을 어떻게 극복하는지 예전에 진행했던 강연을 사례로 들어 이야기해보고 자 한다.

① 충분한 여유를 갖고 스피치 장소에 도착한다

강연 시작 1시간 전에 여유 있게 강연장에 도착한다. 강연장은 강연이 시작되기 30분 전부터 열리기에 참가자가 안으로 들어오 기 전까지 약 30분 정도의 준비 시간이 있다. 이런 시간적 여유가 마음의 여유를 가져다준다. 나는 컴퓨터를 세팅하고 청중에게 보여줄 슬라이드와 인터넷 연결 여부를 확인한 후에 마이크를 점검한다. 조명의 밝기는 참가자의 얼굴이 보이는 정도로 조절해 달라고 요청한다. 이렇게 기기 점검이 끝나면 안심이 되어서 긴장이 풀린다. 그다음에는 단상, 무대, 바닥 등의 장소에 가보고 참가자와의 거리를 확인한다.

이렇게 시간적인 여유를 두고 강연장에 들어가 천천히 현장 점검을 하면 '컴퓨터는 프로젝터에 문제없이 연결됐겠지?', '마이크 음량은 적절하겠지?' 같은 불필요한 걱정을 하지 않고 강연이 시작되기 전까지 강연 내용에 집중할 수 있다. 걱정스러운 부분을 사전에 확인하고 문제가 있다면 미리 해결하도록 하자.

② 미소 띤 청중의 얼굴을 상상한다

강연장을 확인한 후에 강사 대기실로 들어가기 전, 접수처 옆을 지나다가 참석자들이 강연장 안으로 들어가는 모습이 보이면 심장이 요동치기 시작한다. 대기실에 들어가 주최자와 담소를 나누면서도 내 머릿속은 온통 강연회 생각뿐이다. 강연 시작 15분 전, 드디어 혼자만의 시간을 갖는다.

이때 나는 항상 단상에 올라서서 강연을 마칠 때까지의 흐름을 반복해서 머릿속에 이미지화한다. 스포츠의 이미지 트레이닝과 같은 것이다. 강연이 끝난 후에 만족스러운 표정을 짓고 있는, 미소 띤 참가자의 얼굴을 떠올린다. 강연 시작 바로 전에 긴장감이

극에 달하지만 나는 참가자들의 기쁜 표정을 떠올리면서 '반드시 좋은 강연을 할 수 있을 거야!'를 반복해서 나 자신에게 되뇐다.

③ 스피치 직전 심호흡을 하고 마음을 가라앉힌다

드디어 강연 시작 5분 전, 나는 강연장으로 향했다. 강연장은 이미 참석자들로 가득 찼다. 다들 옆자리 사람과 아무 말 없이 책상 위의 강연 자료를 한 장 한 장 넘기면서 강연이 시작되기를 기다리는 모습이다.

"그럼 강연자를 소개하겠습니다. 사사키 시게노리 강연자님, 나와주세요."

이 목소리는 마치 권투 시합의 징 소리와 같다. 나는 마음속으로 '그래, 잘해보자!' 기합을 넣고 가슴과 등을 쭉 펴고 당당한 모습으로 단상에 오른다.

④ 스피치 시작 직후 편안한 분위기를 조성한다

처음 만난 사람들을 눈앞에 두고 긴장하는 나처럼 참석자들도 긴장한다. 강연자에게 기대를 가지면서도 낯선 이들과 함께 있기에 긴장한다. 만일 내가 이런 강연장의 분위기를 편안한 분위기로 바꿀 수 있다면 참가자들 사이에 일체감이 생기고 나 또한 스피치를 하기 좀 더 수월해진다.

나는 '강연회의 가치는 강사의 이야기가 아니라, 새로운 만남에서 비롯된다고 생각합니다'라고 말하며 참가자들에게 옆자리 사람과 통성명을 하고 이야기를 나누는 시간을 갖게 한다. 이렇게 하면 강연장에 활기가 돌고 참가자들은 서로 명함을 교환하기도 한다. 단숨에 분위기가 좋아진다. 나도 강연 무대에서 내려와 참가자들에게 말을 걸고 서로 간의 거리를 좁힌다.

● **Point**

· 스피치 직전, 충분한 여유를 가지고 준비한다.

· 긍정적인 모습을 떠올리며 이미지 트레이닝을 한다.

· 스피치 시작 직전에 긴장된 분위기를 편안한 분위기로 바꾸는 말을 한다.

마음을 최고의 상태로 만들자

마음의 상태는 스피치를 포함해 모든 커뮤니케이션의 결과를 좌우한다. 왜냐하면 마음의 상태는 눈빛과 표정, 목소리, 자세 등 비언어적인 요소를 통해서 상대방에게 전달되기 때문이다. 인상이 좋은 사람들은 긍정적인 에너지로 가득 차 있다. 이번에는 스피치에 영향을 미치는 마음의 상태를 최상으로 만드는 방법에 대해 살펴보자.

일단 지금까지 여러분의 인생에서 가장 잘했거나 멋졌던 때를 떠올려보자. 야구, 축구, 수영 등 운동을 하는 사람은 눈을 감으면 감동적인 경기 장면이 떠오를 것이다. 이 밖에 피아노와 바이올린 등 음악을 하는 사람, 발레와 힙합 등 춤을 추는 사람, 영화나 연극 등 연기를 하는 사람은 자신이 최고로 잘했던 장면이 떠오를 것이다. 좋은 성적이나 성과로 표창장을 받았거나 존경하는 인물에게 칭찬받았던 일도 있을 것이다.

자, 이런 상황을 떠올려 보고 무엇이 보이는지(시각), 무엇이 들리는지(청각), 무엇이 느껴지는지(신체 감각), 마치 그 상황으로 돌아가 그 자리에 있는 것처럼 생생하게 느껴보길 바란다. 나는 예전에 배구 선수로 활약했을 때 스파이크를 날렸던 장면을 떠올려보겠다.

어느 화창한 봄날에 고교 배구 지역대회 준결승전이 열렸다. 세트 카운트 1대 1로 세 번째 세트가 시작되었다. 스코어는 14대 13. 이번 세트에서 1점을 빼앗기면 패배하는 긴박한 상황이었다. 선두 레프트에서 대기하는 에이스 공격수인 내 자리로 오른쪽 후방에서 높은 토스가 떴다. 동료 선수들이 '어서 가!'라고 외치는 목소리가 들렸다. 나는 도움닫기를 하려고 첫발을 내딛었다. 힘껏 바닥을 찼다. 운동화 밑창이 경기장 바닥에 닿은 후 속도가 붙어 높이 점프했다. 하늘을 나는 듯 내 몸은 공중에 떴다. 그 순간, 높게 떠오른 공이 아래로 떨어지기 시작했다. 공중에 뜬 상태로 내 몸은 멈춰 있었다. 눈앞에 상대편 선수의 손이 보였다. 그 사이로 오른쪽 안쪽에서 리시브 자세를 취하는 상대편 선수의 모습이 희미하게 보였다. 그때였다. 나는 왼손을 위로 뻗고 오른쪽 팔꿈치를 힘껏 들어 올려 손가락 끝에 힘을 실었다. '지금이야' 하는 순간에 전력을 다해 공을 때렸다. '퍽!' 하는 충격을 느꼈고, 오른손을 휘둘렀다. 절묘한 타이밍에 잘 때렸다는 느낌이 왔다. '쿵!' 하는 소리와 함께 상대편 코트로 공이 떨어졌다. 공이 코트 바닥에 닿는 순간, 나는 뒤를 돌아보며 '오예!'를 외쳤고, 양손을 하늘 높이 들어올렸다. 똑같은 포즈를 취하며 나에게 다가오는 동료 선수들과 하이파이브를 했다. '잘했다'는 성취감이 마구 솟구쳐 올랐다.

이것이 나의 머릿속에 선명하게 각인된 최고의 장면이다. 33년 전의 일이지만 그날을 회상하면 마치 그 자리에 있는 듯한 생생함이 느껴진다. 그만큼 그때의 기분이 마음속 깊이 고스란히 남아 있다.

이렇게 최고의 장면을 떠올렸다면 그다음은 언제든지 그 장면을 떠올릴 수 있는 자기만의 스위치를 만들자. 나는 이것을 '앵커링'이라고 부른다. 점프 동작, 특히 스파이크로 오른손을 내리치는 동작은 그 당시에 느꼈던 '어떤 위기라도 극복할 수 있는 강인한 자신감'을 불러일으키는 동작이다.

조용한 곳에서 몸을 움직이면서 자신이 최고로 잘했던 장면을 구체적으로 떠올려보고 그때의 감정을 느껴보자. 그 장면을 떠올리기 위한 자신만의 스위치를 만들어보자. 예를 들어, 내 친구는 오른손으로 왼쪽 쇄골을 누르는 것이 자신만의 스위치라고 한다. 그 스위치를 켜면 축구 선수로 활약하며 최고의 플레이를 선보였던 순간이 떠오른다고 한다.

나는 스피치 전에 반드시 편하게 쉴 수 있는 장소로 가서 마음의 스위치를 켠다. 그런 다음에 대기실에서 마음을 가라앉히고 마음을 최상의 상태로 만든 후에 스피치에 임한다. 유명한 운동선수도 사용하는 방법이니 꼭 한번 시도해보기를 바란다.

● Point

· 인생에서 최고로 잘했던 때, 멋졌던 때를 떠올린다.

· 그때 그 자리에 있는 것처럼 당시의 감정을 생생하게 느껴본다.

· 그 장면을 떠올리는 나만의 동작을 만든다.

　이 책은 '닛케이 톱 리더' 플래티넘 회원을 대상으로 발행하는 월간 회보지 〈먼슬리〉의 권두 칼럼으로 2012년 4월부터 2017년 9월까지 게재되었던 기사를 대폭 수정하고 다듬은 것이다.

　나의 저서 《생각을 전하고 마음을 움직이는 스피치 교과서》는 소니 CEO의 스피치 라이터로 근무하던 시절의 경험을 바탕으로 스피치 작성 과정을 일곱 단계로 나누어 체계적으로 설명했다.

　반면에 이 책은 소니에서 독립해 약 1만 명이 넘는 비즈니스 리더들을 대상으로 스피치 강좌, 강연회, 워크숍 등을 진행하고 정·재계 인사들을 대상으로 스피치 컨설팅을 했던 경험에서 배운 것과 깨달은 것 중에 핵심만을 모아서 정리한 것이다.

　중요한 스피치를 앞둔 사람들이 성공적으로 스피치를 마칠 수 있기를 바라는 마음으로 구체적인 요령과 조언을 전달하려고 노력했다. 독자 여러분에게 이 책이 스피치 실전에 대비하는 실용적인 참고서가 될 수 있기를 소망한다.

이 책의 바탕이 된 소중한 경험을 쌓게 해주고 나를 이렇게 성장시켜준 소니의 옛 상사분들과 모든 선배님들, 비즈니스 관계를 넘어선 돈독한 관계로 인연을 맺게 된 고객, 항상 신선한 자극을 주는 코치 동료들과 스승님, 마음의 스승인 도쿠야마 선생님과 야유카와 선생님, 그리고 항상 힘이 되어주는 친구들과 고등학교, 대학교, 니혼코교은행 동기들에게 감사의 마음을 전한다.

마지막으로 5년이라는 긴 시간 동안 〈먼슬리〉 칼럼 편집 담당자로 내 옆에서 묵묵히 애써주고 편집을 맡아준 닛케이 BP 소켄 중소기업 경영연구소의 스가노 다케시 연구원에게 깊은 감사의 말을 전하고 싶다. 매일 끊임없는 격려를 보내주고 지원해준 덕분에 세계를 이끌 비즈니스 리더들에게 이 책을 바칠 수 있었다. 다시 한 번 진심으로 감사드린다.

이 책을 집필할 수 있었던 것은 돌아가신 아버지의 가르침, 고향에 계시는 어머니의 사랑, 그리고 가즈에, 다이시, 미쿠의 응원과 격려 덕분이다. 사랑하는 나의 가족에게 고마움을 전한다.

오늘도
뻔한 말만
늘어놓고 말았다

초판 1쇄 2018년 9월 14일

지은이 사사키 시게노리
옮긴이 이지현
펴낸이 전호림
책임편집 여인영
마케팅 박종욱 김혜원
영업 황기철

펴낸곳 매경출판(주)
등록 2003년 4월 24일(No. 2-3759)
주소 (04557) 서울시 중구 충무로 2(필동1가) 매일경제 별관 2층 매경출판(주)
홈페이지 www.mkbook.co.kr
전화 02)2000-2634(기획편집) 02)2000-2636(마케팅) 02)2000-2606(구입 문의)
팩스 02)2000-2609 **이메일** publish@mk.co.kr
인쇄 · 제본 ㈜M-print 031)8071-0961
ISBN 979-11-5542-879-5(03320)

이 도서의 국립중앙도서관 출판예정도서목록(CIP)은 서지정보유통지원시스템 홈페이지(http://seoji.nl.go.kr)와
국가자료공동목록시스템(http://www.nl.go.kr/kolisnet)에서 이용하실 수 있습니다.
(CIP제어번호: CIP2018026688)